BTS는 어떻게 21세기의 비틀스가 되었나

장르를 만드는 별들의 모든 것

BTS는 어떻게 21세기의 비틀스가 되었나

연승 지음

북레시피

방탄소년단BTS, 엑소 등 아이돌 그룹에 열광하는 소녀 팬들. '팬덤' 하면 떠올리는 이미지다. 그러나 이제 팬덤의 대상은 아이돌에서 트로트 가수로, 정치인으로 확대되고 있고 주체 역시 10대에서 50대 이상까지 연령대가 다양해지고 있다. '팬'의 전형적인 이미지였던 소녀에서 그치는 것이 아니라 '트로트 아이돌'에 열광하는 중장년 여성들까지가 한국 대중문화 팬덤의 핵심 주체가 됐다.

그리고 여기에서 더 나아가 스타들은 팬들이 원하는 모습으로 변신을 하기도 하고, 팬들의 의견을 적극적으로 수렴해 '팬슈머(fan+consumer. 팬슈머는 상품이나 브랜드의 생산 과정에 참여하는 소비자를 일컫는 용어로, 자신이 키워낸 상품이나 브랜드를 적극적으로 소비하는 동시에 비판, 간섭 등도 서슴지 않는다)'가 되면서 '경제 세력'으로까지 힘이 확장됐다.

이처럼 사회적, 경제적 의미로 확대된 개념으로서의 팬덤이 아닌 스타를 향한 애정을 드러내며 대중문화를 즐거움의 대상으로 삼았던 것은 몇십 년을 거슬러 올라간다. 1990년대 가요계에서는 '서태지와 아이들' 그리고 이후 아이돌 그룹 드라마에서는 일본 등지를 비롯하여 구축된 한류 드라마 열풍이 초기 단계라고 할 수 있다.

물론 이보다 이전인 1969년 10월 대한민국을 떠들썩하게 했던 클리프 리처드 내한공연 '속옷 투척 사건'을 팬덤의 시초로 보는 시각도 있다. 1960~80년대까지만 해도 가요보다는 팝 음악이 소위 말해 '대세'였다. 한국전쟁 이후 산업화를 이루면서 미국의 대중문화가 상륙했고 이전에 보지 못한 센세이셔널하고 세련된 음악에 열광하던 시대였기 때문이다. 당시 여학생들이 클리프 리처드의 공연에 열광한 나머지 속옷을 벗어 던졌다는 사실에 언론은 "한국 여성의 미덕을 저버렸다"고 비판하기도 했으며, 어른들은 "세상이 말세"라며 혀를 차기도 했다고 전해진다. 스타에 대한 '팬심'을 드러내는 방법이 현재의 관점에서도 다소 충격적인데 1969년 상황이라고 한다면 신문 사회면에 날 법한 기사라는 생각이 드는 것도 사실이다. 그러나 당시 현장에 있었던 이들은 실제로 속옷을 벗어 던졌다, 아니다에 대해 엇갈린 기억을 내놓는다고 하니 '속 옷 투척 사건' 역시 역사만이 알 것이다.

이처럼 스타에 대해 열광하는 소녀들은 2020년대에만 존재하는 것이 아니라 1969년에도 존재했고, 아마 그 이전에도 존재했을 것이다. 대중문화와 미디어가 발달하면서 스타와 팬들의 이야기가 알려져 그렇지 조선 시대에도 광대에 열광하는 소녀들이 있었을 터이고, 한을 담아 애절하게 소리를 뽑아내는 소리꾼을 보며 눈물짓는 이들이 또한 있었을 것이다.

BTS가 동남아시아는 물론이고 유럽, 팝의 본고장 미국에서까지 인기를 얻는다는 것은 어쩌면 '문화 혁명'이다. 외국곡을 한국어로 번안해 부르는 것이 오히려 소위 말해 '고급문화'로 여겨졌고 트로트를 비롯해 한국의 대중가요는 과소평가받아왔기 때문이다. 게다가 BTS는 영어가 아닌 한국어 가사로 빌보드 핫 100 차트에 올랐다. 그들이 앞으로도 계속해서 한국어 가사로 노래를 부르겠다고 밝혔을 때는 'BTS 자체가 하나의 언어이자 장르'라는 생각이 들 정도였다. 이는 필자만의 생각이 아닐 것이다.

BTS가 미국에 상륙했을 때 NBC 〈엘런 디제너러스 쇼〉 진행자 엘런 디제너러스가 "공항에 마치 비틀스가 온 것 같았다"고 했다는 말이 전해졌고, 한국 언론 역시 이를 일제히 보도했다. 한국의 대중가요가 K팝이라는 장르로 '팝의 본고장'

에서 인정받았을 뿐 아니라, BTS가 전 세계인이 동경했던 '팝의 레전드' 비틀스에 비유되는 평가를 받았다는 것 자체가 '기적'이자 '혁명'과도 같은 역사이기 때문이다. 유독 애국심이 강한 사람만이 느끼는 감정은 아니었을 것이다.

'대중문화의 혁명'과도 같은 사건을 가능하게 한 건 무엇일까. 스타의 힘만으로는 불가능하다. 대중문화의 한 축을 담당하는 주체가 이제는 스타뿐만이 아니라 팬이다. 그리고 대중문화가 진화했듯 '팬' 역시 '팬덤'으로 진화하며 대중문화의 중요한 현상이 됐다. 그렇다면 '팬'과 '팬덤'의 차이는 무엇인가. 관점에 따라 다양한 정의가 나올 수 있지만 '팬'이 가수, 배우, 스포츠 선수 등 스타에 대한 애정을 갖고 이를 드러내는 개인이라면 '팬덤'은 스타에 대한 애정을 넘어서 집단을 형성하고 나아가 권력까지 행사하는 막강한 파워를 지녔다고 할 수 있다.

책에서는 이처럼 스타에 대한 개인의 선호와 애정을 드러내는 '팬'을 시작으로, 영향력을 가진 권력 집단으로서의 '팬덤', 팬들의 요구에 적극적으로 맞추는 '팬슈머'로까지 변주되고 있는 팬덤의 역사와 현재를 두루 살피고 분석한다. 이와 함께 독자는 대중문화의 태동기인 1960년대부터 2021년 현재까지 우리의 가슴을 뛰게 만드는 스타와 팬들의 모습을 보며 시간여행을 다녀온 듯한 느낌을 받게 될 것이다. 또한 그때 그 시절 스타와 나 그리고 현재 내가 열광하는 스타와 나의 모습을 통해 '그때 나는 무엇을 원했던 것인지', '현재 나는 무엇을 원하는 것인지', '우리가 살고 있는 현재는 어떤 모습인지'를 마주하게 될 것이다. 동경의 대상이란 어쩌면 나와 우리를 투영하는 거울이기 때문이다.

클리프 리처드, 뉴 키즈 온 더 블록, 나훈아, 남진, 조용필, 배용준, H.O.T., 젝스키스, 신화, 지오디, 핑클, SES, 엑소, BTS, 강다니엘, 임영웅, 김호중, 영탁, 블랙핑크, 브레이브걸스 등 수많은 스타의 모습은 바로 나, 너 그리고 우리들이 도달하고 싶은 이상향이었다.

차례

Part 4.   한류 동호회 활동만 1억 명 시대

♪ 난 알아요! 이 밤이 흐르고 흐르면

누군가가 나를 떠나버려야 한다는 그 사실을 그 이유를

이제는 나도 알 수가 알 수가 있어요 ♬

Part 1

'오빠 부대'에서
'팬덤'으로

팬덤의 시작:
사회, 경제, 문화를 뒤바꾸는
팬덤의 힘

'오빠 부대'에서 '팬덤'으로: '문화 대통령' 서태지의 탄생

'서태지와 아이들'은 가요사를 넘어 한국 대중문화의 상징이자 아이콘이다. 그리고 스타에 대한 동경에 그치는 소극적인 팬심이 아닌 주체적이고 능동적으로 자신들의 목소리를 내는 문화 집단인 '팬덤'의 시작 역시 서태지와 아이들에서 비롯되었다는 게 중론이다. 서태지와 아이들이 '문화 대통령'이라고 불렸던 이유도 바로 이 때문이다.

나훈아, 남진, 조용필, 신승훈, 변진섭, 이승환 등 이전의 톱스타들 역시 서태지와 아이들 못지않게 인기가 있었고 팬도 많았지만 그들의 팬들은 스타를 사랑하는 마음만을 표현하는 소극적인 팬, 즉 '오빠 부대'였다. 그러나 1992년 「난 알아요」로 데뷔한 서태지와 아이들의 팬덤은 달랐다. 그리고 서태지와 아이들의 데뷔는 단순한 팬심과 팬덤을 구분 짓는 결정적인 순간이 됐다.

그 결정적이고 역사적인 사건을 복귀해보면 이렇다. 훗날 역사적인 사건으로 평가받는 사건이 당시에는 전혀 주목받지 못하는 경우가 있는데 '서태지와 아이들'의 탄생이 바로 이러한 경우에 속한다. 1992년 4월 11일 MBC 〈특종 TV 연예〉의 신인들을 평가하는 코너에 출연한 서태지와 아이들. 당시 서태지와 아이들은 네 명의 심사위원으로부터 10점 만점 중 7.8점을 받았다. 점수도 낮았지만 심사평은 신랄하고 혹독했다.

작곡가 하광훈은 "요새 유행하는 랩 스타일의 댄스뮤직인데요, 일단 리듬이 상당히 좋네요. 그런 반면 멜로디 라인이 되게 약한 것 같아요. 아무래도 랩을 하다 보니 멜로디는 신경 안 쓴 것 같은 기분이 들어요."라며 아쉽다는 평가를 내렸다. 작사가 양인자 역시 "저는 노래를 들을 때 습관적으로 노랫말부터 유심히 듣게 되는데요, 두 가지를 중점적으로 보죠. 우선 올바른 문장으로 되어 있는가, 또 하나는 새로운 얘기인가. 근데 그 어떤 새로운 형식에 내용까지 새로움이 깃들여졌으면 참 좋았겠다는 생각을 했어요."라며 새로운 음악 장르인 랩에 담은 내용이 새롭지 않다는 취지의 평가를 내놓았다.

연예 평론가라는 타이틀을 달고 나온 방송인 이상벽만이 "의욕적인 면에서 우선 호감 있게 봤다, 동작은 굉장히 격렬한데 노래는 섬세한 편이다, 다만 동작 속에 노래가 묻힌 것 같은 아쉬움이 없지 않다, 그동안 오디오형 가수들만 주로 봐왔는데 이분들은 '뉴 키즈 온 더 블록'의 아쉬움을 충분히 달래주는 새로운 실마리가 되리란 기대감을 갖게 한다"라는 식의 가장 우호적인 평가를 했다.

　마지막으로 가수 전영록은 「난 알아요」를 어떻게 평가할지는 대중의 몫이라며 유보적인 평가를 내놓았다. 가수와 평론가 등 전문가들의 평이 엇갈리는 경우를 많이 봐온 그간의 경험에 따른 평가라고 여겨진다. 평단으로부터는 호평을 이끌어냈지만 대중의 선택을 받지 못했거나 그 반대의 경우를 그 자신이 가수 활동을 하면서 수없이 봐왔던 터다. 그는 이 새로운 곡에 대해 다음과 같이 평가했다.

　"서태지 씨를 예전에 접해봤거든요. 시나위에서 메탈만 하던 분이 머리를 탁 자르고…… 본모습이 저렇게 예쁜지 몰랐어요. 랩댄스 장르 곡인데 거기에 메탈 리듬이 들어가 있네요. 새롭고 다 좋은데 나쁜 말은 안 하겠습니다. 평은 저희가 하는 게 아니라 시청자 여러분들이 하는 것이니 그분들에게 저는 맡기겠습니다."

　방송이 나간 며칠 후 서태지와 아이들 신드롬으로 나라가

뒤집어지기 시작했다. 1990년대는 테이프 노점상이나 레코드 상점이 많았는데 노점상뿐만 아니라 레코드 가게, 카페 등에서 서태지와 아이들의 「난 알아요」가 울려 퍼졌고 그해 이 곡이 수록된 앨범은 무려 170만 장이 팔려나가는 기록을 세웠다. 게다가 당시 서태지와 아이들이 옷에 붙은 태그를 떼지 않은 채 입고 나왔는데, 이것이 바로 가장 인기 있는 트렌드가 됐다. 서태지와 아이들이 썼던 모자를 쓰고, 태그를 떼지 않은 옷을 입는 것이 당시 최고의 유행이 됐다. 물론 이를 보고 어른들은 걱정했다. 서태지와 아이들이 아이들을 망쳐놓는다고. 그러나 '혁명'과도 같은 변화는, 거부한다고 해도 탄생부터 이미 거부할 수 없는 대세가 되고 마는 속성을 지녔다.

서태지와 아이들이 〈특종 TV 연예〉에 출연했을 당시 사회를 맡았던 임백천은 2012년 3월 《경향신문》과의 인터뷰에서 '서태지와 아이들 신드롬'을 이렇게 회고했다. "전무후무한 일일 겁니다. 방송 한 번에 가요계는 물론 나라가 온통 뒤집어졌으니까요. 우리도 처음엔 그게 뭔가 싶었습니다. 며칠 후 길거리를 나서는데 가게들이 마치 약속이나 한 듯 「난 알아요」란 노래를 틀더군요. 크리스마스이브 때 거리 곳곳에서 캐럴이 들리듯이……."

이처럼 서태지와 아이들을 이 세상에 내놓은 주체는 바로 '팬덤'이었다. 1990년대는 방송가, 평론가, 전문가의 시대로,

이들의 말 한마디로 데뷔 즉시 스타덤에 오르기도 하고 소리 없이 사라지기도 했다. 신문을 비롯해 방송사 등 언론이 스타 탄생의 가장 중요한 역할을 했으며, 좀 더 과장되게 말하면 생사를 결정하던 강력한 '갑'이자 '문화 권력'이었다.

그런데 대중으로 하여금 「난 알아요」에 열광하게 한 서태지와 아이들은 막강했던 문화 권력이자 갑인 언론을 무력화시켰다. 이는 일대 사건이라고 해도 과언이 아니다. 전문가라는 권위에 저항하며 '팬덤'이라는 개념을 탄생시킨 것이다. 전문가나 언론이 정해준 스타가 아닌, '내가 좋아하는 스타는 내가 선택한다'라는 팬의 탄생 말이다.

이후에도 서태지와 아이들 팬덤은 보다 적극적으로 자신들의 목소리를 내면서 팬덤의 위치를 격상시키고 팬의 성격마저 변화시켰다. 그리고 이러한 팬덤은 바로 '21세기의 비틀스' BTS를 만들고 '장르'를 만드는 강력한 주체가 됐다. 서태지와 아이들 이전의 팬 집단인 '오빠 부대'가 스타에 대해 개인적인 열정과 애정을 쏟아부었다면, 서태지와 아이들 이후의 팬덤은 팬클럽은 물론이고 사회단체까지 조직해 적극적으로 활동하며 의견을 개진했다.

서태지와 아이들의 팬덤은 서태지와 아이들에 비우호적인 언론에 맞서 적극적으로 변호하기도 했으며 시위를 통해 자신들의 목소리 역시 적극적으로 표출했다. 1996년 서태지가 그룹 해체를 선언하며 은퇴하기 전까지 팬들은 서태지와 아이들을 적극적으로 방어하는 가장 든든한 '백'이었다.

서태지와 아이들이 해체한 이후에도 주요 팬클럽은 문화 관련 사회단체 설립 신고를 하고 기념 사업회를 출범시키는 등 활동을 꾸준히 이어나갔다. 2003년 4월 한국음악저작권협회와 저작권 신탁 관리 계약을 해지한 서태지가 이후 저작권료 운영 방식에 문제를 제기하자 팬들은 2008년 '올바른 음악저작권문화 챙김이'를 만들고 저작권 문화 개선 캠페인을 벌이기도 했다. 또 서태지가 8집 앨범과, 자신이 주최하는 록 페스티벌인 'ETPFEST'에서 환경보호 메시지를 전하고 북극곰 살리기 운동에 나서자 팬들도 서태지의 공연장에서 폐휴대 전화를 수거하고 쓰레기봉투를 배포하는 등 환경 운동에 동참했다.

서태지와 아이들 데뷔 20주년이었던 2012년에는 팬들이 기금을 모아 환경오염으로 훼손된 브라질 인근 열대우림에 '서태지 숲'을 조성했으며 이외에 서태지 팬들은 공연윤리심의제도 폐지, 사전심의제 폐지, 황색언론 반대연합, 대중음악 판 바꾸기 위원회, 대중음악 개혁을 위한 연대모임, 음악저작권협회의 문제점을 알린 올바른 음악저작권문화 챙김이 국회 토론회 등 사회적, 정치적 영향력을 행사했다.

서태지와 아이들 팬덤에 대해 평론가 강헌은 2012년 3월

《미디어오늘》과의 인터뷰를 통해 다음과 같이 평가했다.

"기억나는 게 2008년 '올챙이 국회 토론회'라고 서태지 팬들이 주축이 돼서 음악인 저작권 관련한 문제를 법적으로 제기하고 나선 일이 있다. 이 차원에서 당시 국회에서 저작권 관련 공청회를 했는데 보통 공청회라고 하면 분위기가 얼마나 삭막한가. 사람도 얼마 없지 않나. 그런데 당시 방청객이 굉장히 많이 왔다. 그렇기 때문에 언론들이 취재하러 온 상황이 되니 당시 문화부 관련 국회의원들도 공청회 자리에 올 수밖에 없게 됐다. 그때 정말 '피플 파워'라는 것을 느꼈다. 서태지 팬덤은 단순히 우상에 대한 열정, 열광만으로 그치지 않고 이른바 굉장히 사회적인 행동으로 발전시킨 매우 능동적인 팬덤 문화를 만들었다. 이런 점에서 사실은 서태지만큼이나 서태지 팬덤이 보여준 사회적 의미가 크다고 생각한다. 서태지 등장을 둘러싼 일련의 사건들은 대중문화를 한국 사회의 담론으로 끌어들인 첫 번째 이슈다. 그 이전에는 대중문화가 사회적 의제가 된 적이 없다. 서태지 본인이 감당할 수 없을 정도로 엄청난 사회적 영향력을 몰고 온 것이다. 팬들의 그런 힘은 잠재해 있으면서 '능동적이고 주체적인 대중'이라는 존재의 씨앗으로 작용해왔다고 본다."

역사상 가장 강력한 '다이너마이트급' 팬덤, BTS '아미'

병역특례법에 중국까지 항복하게 한 강력한 팬덤. 서태지와 아이들이 팬덤의 시작을 선보였다면, 가장 광범위하면서도 폭발력이 큰 팬덤은 바로 BTS의 '아미'다. BTS는 K팝을 넘어선 하나의 '장르'가 됐고, '아미'는 BTS를 좋아하는 모든 이를 칭하는 보통명사이자 고유명사가 됐다. '아미'는 군대를 의미하는 영어 단어 'ARMY'의 발음을 한국어로 적은 것인데 'BTS를 지켜주는 군대'라는 의미로 지은 팬덤명이다. 또 다른 의미는 'Adorable Representative M.C for Youth'의 약자로 '청춘을 위한 사랑스러운 대표자'다.

2013년 싱글 앨범 '2 COOL 4 SKOOL'로 데뷔한 BTS. 그들의 팬은 모두 스스로를 아미라고 부르는데 이 또한 그동안 구축되어온 팬덤의 성격과는 다른 현상이라고 볼 수 있다. 팬클럽이 여럿일 경우 각각 다른 팬덤명을 사용하기도 하지만 BTS의 경우 세계 어디서나 '아미'로 통하기 때문이다.

BTS의 팬덤 '아미'는 대체 얼마나 될까. 그 수를 파악할 수 없을 뿐만 아니라 '아미'의 수를 파악한다는 것 자체가 어쩌면 의미가 없을지도 모른다. BTS는 이미 국내에서 앨범을 낼 때마다 100만 장 이상을 판매하고 있고, 팝의 본고장인 미국에서 빌보드 차트를 석권했기 때문이다. 그것도 영어 가사가 아닌 한국어 가사로 말이다. 아미의 규모를 짐작할 수 있는 대목이 아닐 수 없다.

그렇다면 팬덤으로서 아미의 영향력은 어느 정도일까. 최근 국내외에서 '아미'라는 팬덤의 영향력이 어느 정도까지 가능한지를 보여준 사건이 벌어졌다. 국내에서는 병역 문제가 그것이었고 또 다른 커다란 사건은 해외에서의 외교 문제였다. 민감한 이 두 이슈는 팬덤의 영향력이 어디까지 미칠 수 있는지 보여주는 가장 대표적인 사례이자 이런 영향력을 가진 팬덤이 앞으로 또다시 등장할 수 있을지 궁금증을 자아내는 사건이었다고도 할 수 있다.

한국에서 가장 민감한 이슈 중 하나는 병역 문제다. 가장 강력하고 유력했던 대통령 후보도 아들의 병역 문제로 낙선한 사례가 있고, 장관을 비롯해 인사청문회 대상자와 그 아들들의 병역 문제 역시 낙마 사유가 될 만큼 그것은 '누구에게도 혜택이 가서는 안 되는', 조금 과장되게 말하면 신성불가침의 영역이다. 경제적 성공에 그치는 게 아니라 사회적으로 인정받고 보다 높은 자리를 원하는 이들에게 병역 문제는 논란의 대상이 돼서는 안 되는 것이다.

그런데 BTS에게는 예외가 됐다. 누구에게도 특혜가 가서는 안 되는 영역인 병역 문제가 BTS의 영향력으로 인해 변화를 초래한 것이다. 한류 스타가 군 입대를 미룰 수 있는 병역특례법이 지난 2020년 11월 국회 국방위를 통과했다. 국방위는 2020년 11월 20일 대중문화예술 분야 우수자로 국가 위상과 품격을 높이는 데 크게 기여했다고 인정받는 사람에 대해 군 징집과 소집 연기를 미룰 수 있도록 한 병역법 개정안을 의결했다. 이 법은 전용기 더불어민주당 의원이 2020년 9월 발의했는데 당시 그는 "BTS 같은 연예인의 병역 연기를 허용하지 않으면 기회 박탈뿐 아니라 국가 이미지 제고의 관점에서도 불합리하다"며 "이 법안이 본회의를 통과하고 시행령까지 마저 개정하면 BTS 멤버들이 만 30세까지 입대를 늦출 수 있게 된다"고 설명했다.

1992년생으로 맏형인 진은 기존 병역법에 따라 만 29세가 되는 2021년 말일까지 군 입대 연기가 가능한 상태였으나, 개정안에 따르면 만 30세가 되는 2022년까지 활동이 가능하다. 1993년생인 슈가(민윤기), 1994년생 RM(김남준)과 제이홉(정호석) 역시 군 입대를 연기할 수 있다. 물론 병역특례법은 '아미'가 직접적인 영향력을 발휘했다고 보기는 어렵다. 한류 스타를 대상으로 한 병역특례법이 발의되자 일부 아미는 오히려 "본인들(BTS 멤버들)은 군대를 가겠다는 왜?"라며 "정치권에서 BTS를 이용하는 것 아니냐"고 비판을 하기도 했다. 그러나 실제로 병역특례법은 한류 스타의 병역을 면제하는 것이 아니라 입대를 연기한다는 내용이 골자다.

그동안은 글로벌 무대에서 인기를 얻은 대중예술인에게도 병역특례를 적용해야 한다는 주장이 간간이 나오기도 했지만 별다른 힘을 받지 못하고 사라졌다. 그러나 BTS의 경우 인기가 아시아를 넘어 유럽과 미국 등으로 확산되고 '팝의 본고장'인 미국에서 빌보드 싱글 차트 1위를 차지하는 등 세계적인 신드롬을 일으키자 정치권에서 법 개정 문제를 먼저 들고 나왔다. 노웅래 더불어민주당 최고위원은 "방탄소년단은 1조 7,000억 원의 (경제적) 파급효과를 단숨에 가져왔다. 한류 전파와 국위 선양의 가치는 추정조차 할 수가 없다"며 "이제 방탄소년단의 병역특례를 진지하게 논의해야 한다"라고 밝혔다. 이어 "현재 산업기능요원과 전문연구요원, 예술·체육요원의 대체복무 제도가 있지만 방탄소년단과 같은 대중문화예술은 해당하지 않는다. 객관성·공정성이 우려된다면 여러 전문가로 이루어진 문화·예술 공적 심의위원회를 꾸려서 (병역특례를) 판단하면 된다"라고도 했다.

2021년 3월 현재 국회에는 대중문화예술 분야 우수자의 경우 만 30살까지 입영을 연기할 수 있게 하는 법안이 전용기 더불어민주당 의원에 의해 발의돼 있다. 현행 병역법은 대학·대학원생, 연수기관 연수생, 체육 분야 우수자 등에게만 입영 연기를 허가한다. 노웅래 의원이 준비 중인 법안은 한발 더 나아가 병역특례를 허용하는 내용을 담고 있다. 그러나 병역법 개정안이 발의되더라도 입법화까지 험로가 예상된다. 병역은 청년 세대에게 민감한 공정성 이슈와 직결되는 문제이기 때문이다.

특례를 적용할 기준 역시 쉽지 않다. 운동선수의 경우는 올림픽·아시안게임 메달 등 객관적으로 자격을 정하는 데 수월하지만, 대중예술인의 경우에는 그 기준을 설정하는 것이 애매할 뿐만 아니라 '빌보드 핫 100 차트'에 오를 경우 특례법을 적용할 것인지, '아메리칸 뮤직 어워드' 같은 시상식 후보에 오를 경우 특례법을 적용할 것인지를 두고 논란이 예상되기 때문이다. 현행 병역법에 따르면 올림픽 3위 이상, 아시안게임 1위, 국제예술경연대회 2위 이상, 국내예술경연대회 1위 입상자 등에 한해서만 병역특례로 '예술·체육요원(보충역)' 편입을 허용하고 있다.

BTS 팬덤의 규모와 화력 그리고 영향력을 확인할 수 있는 이슈는 병역특례법만이 아니다. 다음은 글로벌 아미의 팬덤이 얼마나 강력한지를 단적으로 보여주는 사례들이다. 지난 2020년 10월 BTS는 미국 비영리단체 코리아소사이어티가 수여하는 '밴플리트상'을 수상했다. 이 상은 한국전쟁에 참전한 제임스 밴플리트 미 8군 사령관을 기리기 위한 취지로 1995년부터 매년 한미관계 증진에 기여한 개인이나 단체에 수여돼왔다. 김대중 전 대통령, 이건희 삼성그룹 회장, 대한상

공회의소 등도 수상했다.

　BTS가 이 상을 받던 때 중국이 결국에는 역풍을 맞은 한 사건이 발생하였는데 이는 리더 RM의 수상 소감에서 비롯되었다. RM은 소감을 발표하면서 "올해는 한국전쟁 70주년으로 우리는 양국(한미)이 함께 겪었던 고난의 역사와 많은 남성과 여성의 희생을 영원히 기억해야 한다"라고 말했다. 이 말이 중국에 알려지면서 중국 언론과 누리꾼들이 '중국을 무시했다'며 발끈했다. 실제로 중국 관영《환구시보》는 "수상 소감중 '양국이 겪었던 고난의 역사'라는 부분에 중국 누리꾼들이 분노하고 있다"고 보도했다. 중국 뉴스 포털사이트의 BTS 발언 관련 기사에는 '한국전쟁 당시 중국 군인들의 고귀한 희생을 무시한 것이다. BTS의 수상 소감은 미국의 침략과 아시아에 대한 간섭을 무시하는 발언이다'라는 격한 댓글이 수도 없이 달렸다.

　중국 누리꾼들의 분노는 BTS가 모델로 활동하는 삼성과 현대차, 휠라 등을 향한 불매운동으로까지 이어졌으며 누리꾼들의 집단 공격에 기업들은 웨이보 공식 사이트에서 BTS 관련 광고를 삭제하기도 했다. 중국의 택배 업체 윈다, 위엔퉁 등은 BTS에 대한 중국 내 여론이 악화되자 BTS 관련 제품 운송을 중단하기로 결정했었다. 특히 위엔퉁은 회사 측에서 거부한 것이 아닌 해관총서(한국의 관세청)에서 BTS 제품을 받지 않는다고 설명하여 그 발언이 알려지면서 더욱 논란이 됐다. 이 말이 사실이라면 회사가 아닌 국가 차원에서 BTS를 보이콧한 것이기에 외교 문제로도 비화될 수 있었기 때문이다. 이뿐 아니라 당시 중국에서는 BTS를 좋아하면 매국노라는 비판과 비난이 쏟아질 정도로 국민감정이 좋지 않았다.

중국은 한국전쟁을 '항미원조抗美援朝(미국에 맞서 북한을 도움) 전쟁'이라고 부르고 있다. 특히 트럼프 집권 이후 미중 갈등이 극에 달했던 2020년, 중국은 참전 70주년을 맞아 '항미원조 정신'을 강조했다. BTS에 대한 중국 누리꾼들의 격한 반응도 이 연장선에서 나타난 것으로 풀이된다.

그러나 시간이 흐를수록 상황은 반전을 맞았다. BTS의 한국전쟁 70주년 관련 발언을 왜곡하고 비난하며 집단 불매운동까지 벌이던 중국 누리꾼들이 오히려 역풍을 맞은 것이다. 《뉴욕타임스》는 중국 누리꾼들의 이러한 태도에 대해 위험한 민족주의라고 강도 높게 비난했으며 《파이낸셜타임스》 역시 "과거 갭과 메르세데스 벤츠 등도 비슷한 이유로 중국에서 불매운동 위기에 빠졌었다"며 "이러한 움직임은 민족주의가 팽배한 중국에서 외국 브랜드가 직면한 위험을 드러낸다"고 비판했다. 《로이터통신》도 "삼성을 포함한 몇몇 유명 브랜드들이 명백히 BTS와 거리를 두고 있다"며 "이번 논란은 세계 2위 경제 대국인 중국에서 대형 업체들 앞에 정치적 지뢰가 깔렸다는 것을 보여준 가장 최근의 사례"라고 평가하기도 했다.

한편 아미들은 SNS에서 중국을 독일 나치에 빗댄 '차이나치(China+Nazi)'라고 일컬으며 해시태그를 달아 퍼 나르는 등 중국에 대한 비난의 수위를 높여갔다.

전 세계에서 강력한 화력을 발휘하고 있는 아미의 이 같은 반응에 오히려 중국은 당황한 기색이 역력했다. 전 세계 언론을 비롯해 아미로부터 예상하지 못한 비난을 받자 중국 외교부가 부랴부랴 수습에 나선 것이다. BTS의 한국전쟁 관련 발언이 중국의 국가 존엄과 관련된다는 주장에 대해 자오리젠 중국 외교부 대변인은 "역사를 거울삼아 미래를 향하고 우호를 도모하는 일은 우리가 함께 추구해야 하며 함께 노력할 만한 가치가 있다"고 밝혔다.

이후 《환구시보》 공식 사이트에서는 BTS 관련 중국 누리꾼들의 분노를 보도했던 기사가 삭제됐다. 이는 그동안 중국이 자신들에게 민감한 이슈에 대해 보였던 태도와는 전혀 다른 '역사적 사건'이라고 할 수 있다. 중국의 공격을 받을 경우, BTS를 제외하고 아무리 강력한 팬덤을 보유한 한류 스타라 하더라도 중국 내에서 사실상 활동 불가 사태가 벌어지고 공식 사과 입장문을 발표해 사태를 마무리하고는 했다.

실제로 2016년 걸그룹 트와이스의 멤버 쯔위는 한 예능 방송에 출연해 대만 국기를 흔들었다는 이유로 중국 누리꾼들

로부터 강력한 비판을 받았다. 웨이보를 비롯한 중국의 SNS
에는 쯔위를 비판하는 글들이 수도 없이 올라오는 등 잦아들
기미를 보이지 않았었다. '하나의 중국(대만은 중국 영토)' 정책
을 추구하며 중국은 대만을 하나의 국가로 인정하지 않고 있
기 때문에 이 같은 반응이 나온 것이다.

이처럼 여론이 잦아들지 않자 트와이스가 출연하기로 예정
돼 있던 중국 현지 방송, 광고, 공연 등이 잇달아 취소됐다. 특
히 중국의 스마트폰 제조사 화웨이도 쯔위와의 광고 모델 계
약을 취소했다. 아이돌의 경우 공연 수익이 대부분 중국에서
나오는 실정이었던 데다 트와이스는 당시 JYP를 대표하는 아
티스트였기 때문에 트와이스의 중국 활동 중단이 곧 JYP의
수익 악화로 이어진다는 것은 불 보듯 뻔한 일이었다. 이를
반영하기라도 하듯 쯔위 사건으로 인해 JYP의 주가는 곤두박
질쳤다. 미래의 기업 가치를 선반영하는 것이 주가라는 점을
감안하면 당연한 결과일 수 있다.

이후 쯔위 사건은 국내 엔터테인먼트사들이 중국 비즈니스
를 할 때 교훈으로 삼는 계기가 됐다. 중국인들이 가장 불편
해하는 요소는 절대 노출하지 않기 위해 중국 전문가뿐만 아
니라 현지인들에게도 자문을 구하는 사례가 많아졌다.

최근에도 비슷한 논란이 벌어졌다. 2020년 12월 SBS 예능
프로그램 〈런닝맨〉 방송 중 대만 국기를 노출했다는 이유로

중국 누리꾼들로부터 비난을 받은 것. 〈런닝맨〉에서 출연진은 팀을 나눠 브루마블 게임을 했다. 이때 보드게임판에는 대만 국기인 청천백일기와 함께 타이베이가 있었고 바로 옆엔 중국 국기인 오성홍기와 함께 베이징이 있었다. 이를 본 중국 누리꾼들이 '하나의 중국' 원칙을 어겼다며 〈런닝맨〉을 보지 않겠다고 일종의 불매운동을 벌인 것이다. "10년간 (런닝맨을) 좋아했지만, 이제 매스껍다", "악마에게는 벅차고 단호하게 대처해야 한다", "런닝맨 측이 사과해야 한다" 등 거센 비난이 웨이보에 쏟아졌다.

〈런닝맨〉은 중국뿐만 아니라 동남아시아에서 폭발적인 인기를 누리고 있다. 지난 2014년부터 SBS와 저장위성TV가 공동 제작한 〈런닝맨〉 시즌 2는 시청률이 5%까지 오르는 기염을 토하기도 했다. 중국에는 방송 채널이 2,000개가 넘어 시청률 1%가 인기의 척도인 것을 감안하면 시청률 5%는 〈런닝맨〉의 팬덤이 얼마나 강력한지를 가늠할 수 있는 수치라고 할 수 있다. 〈런닝맨〉에 출연하는 '기린맨' 이광수 그리고 송지효는 동남아시아를 비롯해 중화권에서 상상할 수 없는 인기를 누리고 있다. 그럼에도 불구하고 중국인들이 '하나의 중국'을 부정한다고 오해할 수 있는 장면만으로도 등을 돌린 것을 볼 때, 이는 그들이 대만 문제에 얼마나 민감한지 알 수 있는 사건이라고 할 수 있다.

이처럼 중국과 중국인들은 자국의 외교, 역사 등 민감한 이슈에 관해서 매우 극단적인 애국주의적 성향을 보인다. 이 때문에 쯔위와 〈런닝맨〉의 대만 국기 논란 역시 해당 스타들에게는 상당한 타격일 수 있다. 그러나 비슷한 이슈로 중국인이 BTS에게 보인 비난과 비판이 역풍을 맞았던 이유는 중국의 역사 인식에 대해 동의받지 못했기 때문이기도 하지만 BTS의 막강한 글로벌 팬덤인 '아미'의 영향력이 컸다는 게 중론이다. 결집력과 폭발력이 '다이너마이트급'인 아미가 중국 상품에 대한 불매운동까지 벌일 경우 생겨날 경제적 타격을 중국 정부가 고려하지 않았을 리 없지 않은가.

CJ ENM 대표의 대국민 사과를 이끌어낸 '프로듀스 101 팬덤'

투표 조작 연루 PD, CP 항소심서도 징역형, '국민 프로듀서 콘셉트'였지만 공정성 이슈 터지며 결국 법정으로, 신드롬 일으켰던 '워너원' 강다니엘은 소속사 분쟁으로 이어져…….

팬덤이 강력할 경우 벌어질 수 있는 사건의 예가 또 하나 있다. 바로 CJ ENM 음악 전문 채널 엠넷Mnet의 '프로듀스 101 투표 조작 사건'이다. 시리즈의 투표 순위를 조작한 혐의로 피디 두 명이 징역형을 선고받았고, CJ ENM 대표이사가 대국민 사과를 하는 초유의 사태까지 발생했다. 그동안 피디 등 제작진들이 연예기획사로부터 향응을 제공받아 처벌을 받은 적은 있었어도 이처럼 대표가 나서서 대국민 사과를 하는 사례는 없었다.

2021년 3월 11일 대법원 3부는 사기 등 혐의로 기소된 PD 상고심에서 징역 2년과 추징금 3,700여만 원을 선고한 원심을 확정했다. 그는 〈프로듀스 101〉 생방송 경연에서 시청자 유료문자 투표 결과를 조작해 특정 후보자에게 혜택을 준 혐의로 재판을 받아왔고, 연예기획사 관계자들에게서 수천만 원 상당의 유흥업소 접대를 받은 혐의도 있다. 같은 혐의로 기소된 총괄 프로듀서는 징역 1년 8개월을 선고한 원심 판단이 유지됐고 연예기획사 임직원들도 징역 8개월에 집행유예 2년을 선고한 원심이 확정됐다.

'프로듀스 101 투표 조작 사건'은 강력한 팬덤과 더불어 공정성 이슈에 민감한 MZ(1980년대 초반~2000년대 초반 출생) 세대의 분노가 결합돼 걷잡을 수 없는 사회 문제로 부각되었고, 이로써 CJ ENM 대표이사는 논란이 발생한 지 5개월 만인 2019년 12월 30일 대국민 사과문을 발표하기까지에 이르렀다.

다음은 CJ ENM 대표의 사과문 전문이다.

안녕하십니까. CJ ENM 대표이사 허민회입니다.

저희 엠넷과 관련한 일련의 사태로 모든 분들께 큰 실망을 안겨드린 점 머리 숙여 사죄드립니다.

특히, 데뷔라는 꿈 하나만 보고 모든 열정을 쏟았던 많은 연습생들이 받은 상처를 생각하면 너무나 마음이 아픕니다. 정말 미안합니다.

소중한 시간을 쪼개어 문자투표에 참여하는 등 프로그램을 응원해주신 팬들과 시청자 여러분께도 이루 말할 수 없이 죄송한 심정입니다.

이번 사태는 변명의 여지 없이 저희의 잘못입니다. 대표이사로서 책임을 통감하고 있습니다. 거듭 사죄드립니다. 여러분들이 받은 상처와 실망감을 생각하면 그 어떤 조치도 충분하지 않을 줄 압니다. 하지만, 지금이라도 잘못을 바로잡고 피해자들의 상처를 보듬기 위해 할 수 있는 최선을 다하고자 합니다.

우선, 프로듀스 시리즈 등 엠넷의 오디션 프로그램 관련 순위조작으로 피해를 입은 연습생에 대해서는 저희가 반드시 책임지고 보상하겠습니다. 금전적 보상은 물론 향후 활동 지원 등 실질적 피해구제를 위해 관계되는 분들과 심도 있게 논의해 필요한 조치들을 시행해나가겠습니다.

순위조작 관련 프로그램을 통해 엠넷에 돌아온 이익과

함께 향후 발생하는 이익까지 모두 내어놓겠습니다. 그러면 약 300억 원 규모의 기금 및 펀드를 조성할 수 있을 것으로 예상합니다. 이 기금 및 펀드의 운영은 외부의 독립된 기관에 맡겨, 음악산업 생태계 활성화와 K팝의 지속 성장을 위해 쓰이도록 하겠습니다.

구체적인 기금 및 펀드 조성 운영 계획에 대해서는 세부안이 확정되는 대로 다시 알려드리겠습니다. 방송의 공정성과 투명성을 강화하기 위해 필요한 조치들도 빠르게 취해나가겠습니다. 외부의 콘텐츠 전문가 등이 참여하는 '시청자위원회'를 설치하여 프로그램의 제작과정을 투명하게 운영하겠습니다. 또한 내부 방송윤리강령을 재정비하고 관련 교육을 강화토록 하겠습니다. 이를 통해 잘못인 줄 알면서도 관행처럼 하고 있는 일은 없는지, 시청률만 좇다가 기본 윤리를 저버리는 일은 없는지 철저하게 살피고 고쳐나가겠습니다.

현재 수사 중인 사안에 대해서는 한 점 의혹이 남지 않도록 성실한 자세로 관계기관에 협조할 것을 약속드립니다. 결과에 따라 필요한 내부 조치도 엄정하게 취해나가겠습니다.

이번 사태의 모든 책임은 저희에게 있으며, 아이즈원과 엑스원 멤버들의 활동 재개와 관련된 모든 것들을 지원하겠습니다. 멤버들이 겪고 있을 심적 고통과 부담감, 그리고 이들의 활동 재개를 지지하는 많은 팬들의 의견을 종합적으로 고려하여 아이즈원과 엑스원은 빠른 시일 내에 활동할 수 있도록 최선을 다해 지속적으로 협의하겠습니다. 앞서 말씀드린 것처럼 두 그룹의 향후 활동을 통해 얻는 엠넷의 이익은 모두 포기하겠습니다.

아울러, 이번 사태로 피해 입은 모든 분들에 대한 구체적인 피해 보상도 조속히 실행하도록 하겠습니다. 이번 사태는 저희의 잘못이지, 데뷔한 아티스트들이나 연습생 개개인의 잘못이 아닙니다. 더 이상의 피해자가 없도록 함께 보호해주시기를 간곡히 부탁드립니다.

다시 한번 엠넷을 아끼고 사랑해주시는 모든 분들께 이 자리를 빌려 진심으로 사죄드립니다.

국민 프로듀서가 돼 아이돌을 키우는 '국민 참여형 오디션', '마이돌 키우기 콘셉트'에 시청자들은 열광했다. 본방송이 있는 금요일 오후에는 자신이 좋아하는 아이돌을 보며 응원하기 위해 기꺼이 텔레비전 앞으로 모여들었고, '마이돌'을 위해 열성적으로 문자투표를 했다.

'국민 프로듀서 여러분, 당신의 소녀를 위해 투표하라', '100% 국민 투표로 최종 유닛 결정', '당신은 어느 소녀에게 한

표를 던질 것인가', '당신의 한 표가 소녀들의 운명을 결정한다', 투표를 독려하는 이런 문구들에 아마도 시청자들은 심장이 요동치고, 내가 소녀들을 위해 한 표를 기꺼이 행사해야 할 것만 같았을 것이다.

〈프로듀스 101〉 시즌 1을 한 회도 빠짐없이 봤다는 한 시청자는 "투표를 이렇게 설레서 자발적으로 한 적이 거의 없다"며 "정말 나의 한 표가 연습생들을 스타로 만들 수 있을 것만 같았다"고 말했다. 이어 "내가 이룰 수 없었던 꿈을 누군가가 서포트해줬다면 이루지 않았을까라는 생각을 방송을 보면서 했다", "그래서 더 열심히 투표하고 시청했다"라고도 했다. 국민 참여형, 성장형 '마이돌' 만들기 콘셉트는 이렇게 대중의 마음 깊숙이 파고들었던 것이다.

워너원을 탄생시킨 〈프로듀스 101〉 시즌 2의 경우는 최종회(2016년 6월 16일) 시청률이 유료플랫폼 전국 가구 기준으로 평균 5.2%, 최고 시청률은 5.7%였다. 이는 〈프로듀스 101〉 시즌 1의 최고 기록도 갈아 치운 수치다. 케이블 방송 시청률로는 소위 말해 '역대급'이었다. 1위를 차지한 강다니엘 신드롬이 이 같은 시청률 대기록을 만들었다. 물론 다른 멤버들의 인기 역시 대단했지만 강다니엘의 팬덤은 비교를 불가할 정도였다. 몸값이 치솟자 강다니엘은 이후 솔로 데뷔 과정에서 소속사와 분쟁을 일으켰으며 이 과정에서 한국연예

매니지먼트협회가 중재에 나서기도 했다.

'국민 참여형 오디션'의 가장 커다란 전제이자 이 프로그램의 인기 비결은 바로 공정성이었다. 계층의 사다리가 끊어진 상태에서 공정성 이슈는 MZ세대뿐만 아니라 전 국민이 가장 열망하는 가치다. 게다가 아이돌의 경우 대형기획사 입사 여부가 성공 여부를 결정짓는 가장 중요한 요인이었다. 〈프로듀스 101〉은 대형기획사에 들어가지 못한 이른바 '흙수저 연습생'이 희망을 걸 수 있는 마지막 사다리였으며, 〈프로듀스 101〉의 팬들에게는 자신들의 꿈을 대신해서 이뤄주는 일종의 '판타지'였다. 국민 참여형, 공정성, 대리만족 등 대중의 내밀한 욕망을 깊게 파고들면서 〈프로듀스 101〉의 팬덤은 더욱 뜨거워졌고 폭발력을 가진 존재로 사회적 영향력을 행사하게 된 것이다.

그런데 여기서 끝이 아니었다. 국민 투표가 조작되고 있다는 느낌을 받은 팬들과 현장에서 미묘한 차별이 이뤄지고 있다는 느낌을 받은 출연자들의 폭로가 동시에 터지면서 〈프로듀스 101〉의 실체가 드러난 데 이어 급기야 제작 피디 등이 징역형을 선고받고 CJ ENM의 대표가 대국민 사과를 하는 사태까지 발생했다. 이로써 '프로듀서 101 투표 조작 사건'은 팬덤 역사에서 가장 중요한 또 하나의 장면이 되었다.

〈프로듀스 101〉은 2016년 시즌 1을 시작으로 2019년 시즌 4까지 이어갈 만큼 인기를 끌었다. 국내 기획사의 연습생 101명을 대상으로 경연을 펼치는 오디션 프로그램이었고, 시청자들의 투표로 최종 멤버 11명을 결정했다. 시즌 1에서는 아이오아이, 시즌 2에서는 워너원, 시즌 3(프로듀스 48)에서는 아이즈원, 시즌 4(프로듀스 X101)에서는 엑스원이 각각 데뷔했다. 〈프로듀스 101〉이 방송 시작과 함께 커다란 반향을 일으키며 모두를 열광케 했던 건 실력과 인기에 따라 연습생의 등급이 달라지고 결승으로 가는 티켓을 시청자들이 직접 결정할 수 있었기 때문이다.

시즌 1(2016년 1월 22일~4월 1일)에서 데뷔한 프로젝트 걸그룹 아이오아이 멤버가 된 연습생들의 소속사를 살펴보면 JYP(전소미)를 제외하고 대형기획사는 없었다. 강미나와 김세정이 젤리피쉬, 김도연이 판타지오, 김소혜가 레드라인, 김청하가 M&H, 유연정이 스타쉽, 임나영과 주결경이 플레디스, 정채연이 MBK 소속이었다.

시즌 2(2017년 4월 7일~6월 16일)는 시리즈 중 최고 시청률과 가장 커다란 이슈를 만들어냈다. 시즌 1이 걸그룹이었다면 시즌 2는 보이그룹이었는데, 처음에는 '과연?'이라는 물음표가 붙었다. 남자 연습생들을 평가하고 선택하는 데 있어 과연 여성 시청자들이 적극적으로 나설 것인지, 선정성 논란은 없을지 등등 리스크를 예상하는 이들도 적지 않았다.

CJ ENM 내부에서도 성공 여부에 대한 우려가 있었던 것으로 알려졌다. 그러나 결과는 대성공. 워너원 멤버가 되지 못한 연습생도, 중도 탈락한 연습생도 각자의 팬덤을 형성한 것이다. 특히 1위를 차지한 강다니엘의 인기는 상상을 초월할 정도였다. 시즌 1보다 경쟁은 더욱 가열됐고 프로그램과 출연자의 모든 것이 기사화됐다.

매회 이슈를 몰고 다녔던 시즌 2의 최종 멤버를 살펴보면 역시 대형기획사는 없었다. 강다니엘과 윤지성은 MMO, 박지훈은 마루기획, 이대휘와 박우진은 브랜뉴뮤직, 김재환은 개인 연습생, 옹성우는 판타지오, 라이관린은 큐브, 황민현은 플레디스, 배진영은 C9, 하성운은 아더앤에이블 소속이었다. 판타지오, 큐브, 플레디스가 나름 규모 있는 기획사이기는 하지만 엔터사 빅4(SM, JYP, YG, FNC)보다는 훨씬 규모가 작다.

〈프로듀스 101〉 시즌 3(2018년 6월 15일~8월 31일)에 해당하는 〈프로듀스 48〉은 시즌 1, 2에서 변화를 주었다. 시즌 1이 벤치마킹했던 일본의 걸그룹 AKB48 콘셉트를 본격적으로 드러낸 최초의 한·일 합작 프로젝트였던 것이다. 엠넷과 AKB48의 프로듀서 아키모토 야스시가 직접 손을 잡고 공동으로 프로그램을 주관하는 형태이며, 48사단 측의 요청으로 2016년 가을부터 공동 프로젝트 진행에 대해 논의한 것으로 알려졌다. 프로그램 이름에서 시즌 1, 2 때 사용했던 101을 빼고 AKB48의 48을 그대로 가져온 것부터 정체성을 드러냈다고 볼 수 있다.

이때는 참가 인원수부터 이전 시즌과 달랐다. 101명의 연습생이 참여했던 기존 시즌과 달리 〈프로듀스 48〉은 한국 연습생 57명과 일본 참가자(AKB48 그룹) 39명으로 총 96명이 참여했다. 그리고 결승까지 오른 12명이 아이즈원의 멤버가 됐다. 최종 멤버 수 역시 기존 11명에서 12명으로 달라졌다. 아이즈원의 최종 멤버 명단에는 권은비, 미야와키 사쿠라, 강혜원, 최예나, 이채연, 김채원, 김민주, 야부키 나코, 혼다 히토미, 조유리, 안유진, 장원영이 이름을 올렸다.

AKB48은 일본의 방송 작가 겸 작사가이자 아이돌 프로듀서인 아키모토 야스시가 프로듀스하고 AKS에서 운영하는 일본의 여성 아이돌 그룹으로, '만나러 갈 수 있는 아이돌'이라는 콘셉트를 가지고 일본의 돈키호테 아키하바라점 8층 AKB48 전용 극장에서 상시 라이브 공연을 하고 있다. SKE48, NMB48, HKT48 등 수많은 자매 그룹이 있으며 멤버 역시 계속해서 바뀌는 가운데 AKB48의 포맷을 수출하고 있다.

〈프로듀스 48〉 역시 시즌 1, 2의 후광을 입고 인기를 끌었다. 일본인 아이돌이 다수 출연해 처음에는 부정적인 여론도 있었지만 매회 이슈를 만들어내며 주목을 받았다. 그러나 이후 투표 조작 사건이 터지면서 아이즈원의 활동에도 먹구름

이 끼는 등 이전 시즌의 프로젝트 아이돌이 누렸던 스포트라이트는 상대적으로 줄었다.

〈프로듀스 101〉 시즌 4(2019년 5월 3일~7월 19일)에 해당하는 〈프로듀스 X101〉은 이전 시즌에 비해서 그 인기가 주춤했다. 경연 프로그램이 많았던 데다 〈프로듀스 101〉 시리즈에 대한 피로감 등으로 인해 시청률 역시 저조했다. 줄곧 2% 정도 시청률을 기록했으며 데뷔조가 탄생하는 마지막 회의 시청률은 3.9%에 머물렀다. 그리고 최종회가 방송된 직후부터 조작 논란이 일었다.

그간의 경연, 서바이벌 프로그램에서도 자신이 지지하던 이가 탈락하면 조작 의혹을 제기하는 일이 간혹 생기곤 했지만 그것이 수사로 이어지거나 커다란 파장을 일으키지는 못했다. 그러나 〈프로듀스 101〉의 경우는 달랐다. 워낙 팬덤이 막강했던 데다 공정성 이슈 등이 맞물리면서 투표 조작 사건은 대한민국 전체가 주목하는 하나의 커다란 이슈가 되고 말았다. 시즌 4의 조작 논란은 시즌 1으로까지 번져 프로그램은 물론 CJ ENM의 이미지까지 실추돼 대표가 나서서 대국민 사과까지 하는 일대의 사건이 벌어진 것이다.

그동안 제기됐던 의혹이 하나둘 수면 위로 드러나면서 엑스원으로 최종 선발된 데뷔조는 빛을 보지 못한 채 해체하고 말았다. 오디션 프로그램으로 데뷔한 가수가 조작 논란으로 인해 해체하는 첫 사례가 된 것이다. 엑스원 멤버들이 소속된 플레이엠 엔터테인먼트, 위에화 엔터테인먼트, 티오피미디어, 위 엔터테인먼트, MBK 엔터테인먼트, 울림 엔터테인먼트, DSP미디어, 스타쉽 엔터테인먼트, 브랜뉴뮤직은 엠넷과의 회의 끝에 해체를 결정했다.

반면 아이즈원은 활동을 이어갔으며 계약 종료(2021년 4월)를 앞두고 2021년 3월 13~14일 온라인 콘서트를 열어 계약을 연장하는 것이 아니냐는 설이 돌기도 했다.

글로벌 OTT 1위 넷플릭스, K콘텐츠 투자로 이어진 '배우의 팬덤'

결론적으로 말하자면, 한류 배우의 팬덤은 전 세계 1위 넷플릭스 투자를 이끌어냈다. 팬덤 현상은 주로 아이돌 가수를 주축으로 나타나는 게 일반적이며 배우의 팬덤은 일부를 제외하고는 그 지지층이 상대적으로 약하다. 그럼에도 불구하고 강력한 배우의 글로벌 팬덤을 보여준 사례가 몇 있다. 〈겨울연가〉의 배용준과 최지우 그리고 드라마 〈태양의 후예〉 송중기다. 〈별에서 온 그대〉의 김수현, 전지현, 박해진, 〈대장금〉의 이영애 등도 강력한 글로벌 팬덤을 확보하기는 했지만 하나의 현상을 만들어내는 데는 다소 역부족이었다. 물론 강력한 팬덤으로 인해 사회 변화를 이끌어내는 것은 배우 개인의 인기뿐만 아니라 시대 상황과 맞물렸을 때 가능하다. 송중기의 경우가 바로 그런 예가 될 수 있다.

그는 2016년 한중 합작 드라마 〈태양의 후예〉에 출연하면서 중국에서 '국민 남편'이라고 불릴 만큼 폭발적인 인기를 누렸다. 중국에서는 이 드라마가 방영될 때마다 각 가정에서 부부싸움이 벌어졌다고 한다. 〈태양의 후예〉를 보지 못하게 하는 남편과 기어이 보려는 아내 사이에서 다툼이 벌어졌을 뿐만 아니라, 아내들이 "왜 당신은 송중기 같지 않으냐"며 불만을 드러냈기 때문이라고 한다.

실제로 '송중기 앓이', '송중기 상사병'으로 인해 이혼을 하거나 성형 수술을 하는 이들까지 생겨난 것으로 알려졌다. '믿거나 말거나' 해외 토픽에 날 일로 보이지만 실제로 중국 공안은 "수많은 송중기 광팬이 생겨 적잖은 여성들이 상사병에 걸렸다. 이혼 등 법적 위험이 생길 수 있다"는 '송중기 주의보' 글을 올리기도 했다.

과장되고 우습게 느껴질 수 있는 반응이기는 하지만 〈태양의 후예〉는 2016년 중국 대륙 전체를 뒤흔들었던 게 사실이다. 송중기 팬들은 〈겨울연가〉의 배용준 팬이었던 일본의 중년 여성들처럼 먼발치에서나마 송중기의 자취를 느끼기 위해 한국행을 택했다. 신종 코로나바이러스 감염증으로 인해 현재는 텅 빈 거리가 됐지만 2016년 명동에는 온통 중국인 송중기 팬들이 북새통을 이뤘다.

송중기가 입었던 군복을 어디에서 살 수 있는지 문의하는 팬들은 물론, 송중기 브로마이드나 벽에 걸린 대형 사진을 보고 "남편이다"라고 외치는 중국인들도 많았다. 뿐만 아니라 송중기의 상대역이었던 송혜교가 입은 옷을 구입하려는 이들, 송혜교처럼 성형하고 싶다는 이들로 명동은 북적였다. 명동에 가면 얼굴에 붕대를 칭칭 감고 다니는 중국인들이 상당히 많이 눈에 띄었는데, 다들 송혜교 사진을 들고 가서 성형해달라고 했을지 모른다는 생각이 들 정도로 〈태양의 후예〉 신드롬은 상상하기 어려울 만큼 대단했다.

중국에서 활동하는 한류 스타가 많던 때이기는 했지만 2016년 당시 한국 연예인들에 대한 시선이 곱지 않았던 것도 사실이다. 중국에서 돈만 벌어 간다는 생각 때문이었다. 거기다 한류 드라마나 한류 스타가 더 이상 동경의 대상이 아니라 여겨질 만큼 중국의 드라마 역시 수준이 높아지고 있던 시기였고 한류에 반하는 '혐한' 현상도 일고 있었기 때문에 송중기와 〈태양의 후예〉 인기는 이 모든 상황에 반전의 계기가 됐다.

물론 이후 주한미군 고고도미사일방어체계(사드THAAD) 배치 논란으로 중국 정부가 자국 내 중국인들에게 대한민국에서 제작한 콘텐츠 또는 한국 연예인이 출연하는 광고 등의 송출을 금지하도록 한류 금지령인 '한한령限韓令'을 내렸고, 이로 인해 재점화됐던 한류가 급속히 냉각되는 또 한 번의 반전을 맞았다.

그러나 최근 송중기 팬덤으로 한한령까지 해제되는 것이 아니냐는 관측이 제기되고 있다. 극장 개봉 영화로 제작됐지만 2020년 예상하지 못했던 신종 코로나바이러스 감염증으로 인해 개봉이 연기되다가 2021년 2월 넷플릭스를 통해 선보인 〈승리호〉의 중국 개봉이 추진되고 있는 것이다. 배우의 팬덤이 한한령 해제 모드에 힘을 실어주는 양상이다.

가수 팬덤보다는 약하지만 한류 배우 팬덤은 넷플릭스의 한국 콘텐츠 투자로 이어졌다. 넷플릭스는 2021년 한국 콘텐츠 제작에만 5억 달러(약 5,600억 원)를 투자해 드라마 13편을 제작할 예정이다. 〈킹덤〉, 〈스위트홈〉 등 K콘텐츠로 글로벌 시장에서 톡톡히 재미를 봤기 때문이다.

테드 사란도스 넷플릭스 최고경영자는 2021년 2월 온라인 간담회에서 영상 메시지를 통해 "넷플릭스와 한국 콘텐츠의 '넥스트'가 무엇일지 지켜봐달라"며 "장르와 포맷을 불문하고 한국 이야기꾼들에게 투자하겠다"고 밝히기도 했다. 이에 앞서 넷플릭스는 실적 발표 당시 주주들에게 보낸 서한을 통해 성장 잠재력이 큰 아시아 지역에서 자리 잡기 위해서는 한국 콘텐츠의 성공이 중요하다고 판단한 것으로 전해졌다.

이처럼 배우의 팬덤에서 시작한 K드라마의 인기는 글로벌 OTT(온라인 동영상 서비스) 콘텐츠 투자와 라인업 정책에도 변화를 일으켰다.

'가장 한국적인 정서',
팬덤

2020년은 코로나 19로 모든 문화 현장이 올스톱됐다. 드라마, 영화 촬영은 물론 콘서트를 비롯해 연극, 뮤지컬, 클래식, 무용 등 모든 공연이 개막을 앞두고 무기한 연기되거나 소규모로 진행됐다. 아이돌의 경우 콘서트가 수익의 대부분을 차지하는 데다 팬들과 오프라인으로 만나는 유일한 통로인 까닭에 아이돌 소속사는 그야말로 '매출 제로' 상황에 달할 것이라는 전망이 많았고, 실제로도 상당한 타격을 받았다.

이런 상황에서 BTS의 소속사인 빅히트 엔터테인먼트는 기업공개(IPO)를 앞두고 있었다. BTS가 '글로벌 대세'라고는 하지만 코로나 19 상황에서 상장은 무리가 아니겠냐는 우려가 많았다. 국내는 물론 해외 공연까지 모두 불가능한 상황이기 때문에 이 같은 우려는 합리적이고 설득력이 있었다.

그러나 이러한 합리적인 우려는 역시 글로벌하게 결집한 '아미'라는 팬덤 앞에서 보기 좋게 무너졌다. BTS는 비대면 공연으로 팬들과 만났고, 영어로 싱글 앨범 '다이너마이트'를 선보였다. BTS가 데뷔 초부터 "허황된 것 같지만 최종 빌보드 핫 100 차트에 오르는 게 꿈"이라고 말했던 그들의 포부가 실현된 것이다. 그리고 연내 상장이 어려운 것 아니냐는 우려를 불식시킨 가운데 빅히트 엔터테인먼트는 시가총액 4조 원의 기업 가치를 인정받으며 2020년 10월 15일 코스피에 상장됐다. 고평가 논란에도 「다이너마이트」의 '빌보드 핫 100' 1위 등 호재로 빅히트 엔터테인먼트가 '따상(신규 상장 종목이 첫 거래일에 공모가 대비 두 배로 시초가가 형성된 뒤 가격제한폭까지 올라 마감하는 것을 의미)'을 기록할 수 있으리란 기대를 모았지만 그 기록은 실패했다.

그렇긴 해도 단 한 팀의 아티스트로 시총 4조 원의 기업 가치를 인정받은 것은 신기록에 가깝다는 평가다. '기록소년단'이라는 닉네임이 붙을 만큼 수많은 기록을 만들어냈기에 BTS의 '따상' 실패가 아쉬울 수 있지만 국내 빅3 엔터테인먼트사인 SM, JYP, YG의 시총을 합친 것보다 이미 높은 평가를 받았다는 점 자체가 '따상'이라는 기록 이상의 의미를 지닌다고 할 수 있다. 코로나 19에도 불구하고 BTS의 인기는 식지 않앗을 뿐 아니라 새로운 채널을 통해 팬들과 만났기에 가능한 결과였다.

빅히트 엔터테인먼트의 기업 가치는 곧 팬덤의 속성을 단적으로 드러낸다고 할 수 있다. 소심하게 혼자서 스타를 좋아했던 1960년대에 BTS가 데뷔했다면 불가능했을 일이라는 것이다. 팬들이 그룹을 형성해 결집하여 영향력을 만들고 권력을 형성하면서 BTS는 '누구도 건드릴 수 없는' '아이돌(우상)'이라는 존재가 된 것이다.

이렇게 결집하고 권력을 행사하기 시작한 '아미' 팬덤은 갈수록 더 폭넓게 그 존재감을 드러냈으며 BTS는 더욱 성장하고 성공했다. 그리고 BTS의 크나큰 성공을 나의 성공과 동일시하게 되면서 존재감에 대한 욕구는 더욱 커졌다. 여기에 가장 한국적인 정서까지 더해진 팬덤은 하나의 산업을 좌지우지하는 세력이 된 것이다.

서양에서 개인주의가 미덕이라면 아시아는 동질감과 응집력, 즉 '우리는 하나'라는 가치관이 미덕이다. 이 때문에 단체가 중요하고 결집력, 소속감이 중요한 문화가 되었다. 일본이나 중국 사람들이 해외여행을 가서 무리 지어 다니고 깃발을 들고 다니는 것은 동양 특유의 소속감 때문일 것이다. 우리나라의 경우 유독 소속감과 응집력, 결속력이 중요한데 가족주의라는 뿌리 깊은 문화가 영향을 미쳤으리라고 본다.

다시 '아미' 이야기로 돌아가면, 바로 이러한 동양적이고 한국적인 정서가 팬덤의 크기와 폭발력, 즉 화력을 강하게 만드는 원천이었다고 말할 수 있다. 가장 한국적인 성향과 팬덤의 '운명적 만남' 그리고 아시아 문화가 서양에서 더 이상 '개도국 문화'가 아닌 하나의 '장르'로 받아들여지는 등 문화가 격상되는 시점이 절묘하게 맞아떨어진 것이다.

이 또한 기가 막힌 타이밍이었다. 서양에서도 이전과 달리 1980년대 이후 출생한 사람들은 아시아를 더 이상 변방이라고 생각하지 않기 시작했고 1990년대, 2000년대 출생자들은 이미 K팝과 K드라마가 낯선 장르가 아니었다. 이들은 적극적으로 아시아 문화를 소비한 세대이며, 미국을 비롯해 유럽의 여러 강국 등 유색인종 비중이 높아지면서 더더욱 이들에게 아시아적인 것은 변방이 아닌 '흥미롭고 재미난 것'으로 여겨졌다. 과거 '왜곡된 오리엔탈리즘'으로 아시아를 바라봤던 세대와는 확연하게 구별되는 특징을 지닌 것이다. 이제는 아시아 문화가 지나치게 순종적인 여성과 가부장적인 남성 그리고 절대 순종 등의 이미지로 소비되지 않는 시대가 왔다는 얘기다.

그렇다면 가장 한국적인 팬덤은 어떻게 진화하고 있을까. 가장 한국적인 팬덤의 속성이 곧 집합, 결집, 소속감이다. 여기에 결속력이 강한 한국인의 특성이 팬덤 문화를 세계에서 볼 수 없는 새로운 형태로 발현시켰다. 이를테면 스타를 좋아해서 CD는 물론 굿즈를 사 모으고 '스밍질(스트리밍질의 줄임말로, 아이돌 팬들이 가수의 음악 방송 순위 채점시 반영되는 음원 재생 집계율을 위해 음원 사이트에서 음원을 반복 재생하는 행위)'이라는 용어까지 만들어내며 '내 아티스트' 음원 차트 1위 만들기에 총력을 다 한다. 여기까지가 팬심으로 인한 소비와 응원에 가깝다면 이제부터 이야기할 팬덤은 개인에서 사회, 공적인 영역으로 확대하는 데 이른다.

스타의 생일에 생일 선물을 하는 데서 그치는 게 아니라 생일을 기념해 기부를 하거나 이웃 돕기 성금을 보내는 등의 형식으로 사회적 영향력을 행사하며 스타의 이미지 메이킹에도 팬들이 적극 나선다는 것이다. 이른바 '선한 영향력'을 끼치는 스타의 이미지를 그 스스로가 만드는 게 아니라 거기에 팬들이 나선다는 얘기다. 이러한 역할이 기존에는 매니지먼트의 영향으로 이루어졌지만, 팬들의 영향력이 확대되고 팬들이 보다 적극적으로 행동하면서 팬덤의 영역으로 옮아갔다고 볼 수 있다.

BTS의 팬덤인 '아미'는 코로나 19 성금으로 4억 원 이상을 모금했다. 또 BTS의 4월 서울 공연이 취소되자 아미는 환불 티켓값 5억 원을 코로나 19 극복 성금으로 기부했다. 이뿐만이 아니다. 유독 동물을 좋아해 '강양이(강아지+고양이)'

라 불리는 BTS 멤버 지민을 위해 필리핀의 팬베이스 'TEAM AGTJ(team_agtj)'는 그의 생일을 맞아 필리핀에서 동물 구조 활동 및 사료 기부를 했다. 지민의 필리핀 팬덤은 BTS 등 K팝, K드라마를 즐기면서 한국 고유의 '참여형 팬덤'을 학습하고 향유하게 된 케이스라고 할 수 있다.

BTS를 비롯해 K팝 아이돌이 유럽뿐만 아니라 미주 지역에서도 인기를 얻는 현상은 매우 이례적이다. 중국, 일본, 동남아시아의 경우 비슷한 외모와 아시아 문화권으로서 공감할 수 있는 코드가 존재하지만 유럽과 미국에서는 이와 같은 공감대를 찾기 어렵다. 그럼에도 불구하고 팬덤 현상이 폭발적으로 일어나는 이유는 의외의 코드였다. 바로 '하나'라는 문화가 이들을 사로잡은 것이다.

아이돌 멤버는 적게는 5명이지만 10명 이상이 되기도 한다. 그런데 이들은 완벽한 팀워크로 무대에서 환상적인 '칼군무'를 펼쳐 보인다. 유럽이나 미국에는 이런 대규모의 멤버로 구성된 아이돌이 있지도 않을뿐더러 팀워크가 없다면 불가능한 칼군무가 그들에게 새롭고 경이로워 보일 수밖에 없다. 무엇보다 '하나'가 되어 '칼군무'를 해낸다는 게 신기한 것이다. 유럽이나 미국은 개인주의 성향이 강하기 때문에 누군가와 함께 합을 맞춘다는 개념이 아시아 문화권보다는 약하다고 볼 수 있다. 하지만 그들이 개인주의만을 추구하는 것은 아니다. 그들에게도 '하나'가 되는 것에 대한 동경이 있었다.

2016년 한글을 배우는 학생들을 취재하기 위해 필자가 영국과 독일에 갔을 때 만났던 이들에게서 이를 확인할 수 있었다. 충청북도 청주에서 영어 교사로 잠깐 일을 한 적이 있다는 영국인 학생은 "밤늦은 시간에도 친구들과 어깨동무를 하고 노래를 하면서 길을 걷는 한국 친구들이 너무 신기해 무작정 한국으로 갔다"며 "함께 무엇을 한다는 것 자체가 매우 드문데 한국에서는 그런 일이 아주 보편적인 것 같아 보였다"고 말했다. 또 "유럽에서도 점점 소속감이라는 게 중요해지는 것 같다"고 했다. 아이돌 가수들의 칼군무를 보면서 소속감이 없다면 그러한 팀워크를 만들어낼 수 없을 것 같다는 생각을 하기도 했다고 한다. 그리고 부모님이 나이지리아 출신인 한 이민자 자매는 K팝 아이돌의 칼군무를 비롯해 매운 음식이 친숙하다고 했다. 아프리카의 경우는 한국과 유사하게 단체 문화가 남아 있으며, 더운 나라인 까닭에 맵고 짠 음식이 낯설지 않다는 것이다.

영국뿐만이 아니라 유럽 곳곳을 방문한 사람들이 다들 놀라는 풍경이 있다. 조금 과정 섞어 이야기하면 '백인보다 흑인이 많다'는 것. 그곳은 아프리카를 비롯해 터키, 파키스탄, 인도 등에서 온 이민자들이 굉장히 많다. 그래서 영국인일지라도 그들 안에는 모국의 문화가 잠재되어 있다. 이 때문에 K팝은 물론 그 밖의 다양한 한국 문화를 향유할 준비가 된 인구가 이미 확보됐다고 할 수 있다.

사실 K팝을 즐길 수 있는 정서가 내재된 이들의 비중이 높다는 데 놀랐을 뿐만 아니라 유럽과 미국에서 태어나고 자란 백인들이 아이돌을 대표하는 퍼포먼스인 '칼군무'에 매력을 느끼고 또 그 정서가 바로 가장 '한국적인 것'이라는 데 놀라지 않을 수 없었다.

'초기 팬덤'의 시작,
1969년 10월 클리프 리처드 내한공연
'속옷 투척 사건'

'클리프 환영에 소녀 팬들 광태'. 1969년 10월 16일 《경향신문》에 실린 클리프 리처드 내한공연 기사 제목이다. '팬'이라는 단어가 한국에서 언제부터 쓰였는지 기원은 정확하지 않다. 아마도 미국의 대중문화가 유입되고 대중매체가 발달하던 1960년대 초가 아닐까 싶다. 연예인에 대해 열광하는 이들을 지칭하는 용어가 딱히 없던 까닭에 영어를 그대로 사용한 것으로 추정된다.

'팬'이라는 단어가 일반화되고 사회적 현상으로 커다란 주목을 받기 시작한 건 '클리프 리처드 내한공연 속옷 투척 사건' 때일 것이다. 그리고 '오빠 부대'를 이끈 시조 역시 아마도 클리프 리처드가 아닐까 싶다.

1969년 10월 16일부터 3일 동안 세종문화회관과 이화여자대학교 대강당에서 클리프 리처트 공연이 열렸다. 1959년 1집 앨범 '클리프'로 데뷔한 그는 '영국의 엘비스 프레슬리'라고 불리며 폭발적인 인기를 누렸다. 한국에서도 마찬가지였다. 당시까지만 해도 가요는 대부분 트로트였던 데다, 트로트가 현재는 대세가 됐지만 그땐 높은 평가를 받지 못했던 까닭에 외국 음악, 즉 팝송이 인기를 끌었다. 이 때문에 한국 가수들마저 번안곡을 부를 정도였다.

이런 사회 분위기 속에서 팝의 황제라고 할 수 있는 클리프 리처드가 내한공연을 온 것이다. 내한공연 소식이 알려졌을 때 처음에는 믿지 않는 분위기였다고 한다. 1960년대만 해도 한국의 1인당 국민소득은 210달러(23만2,470원)였다. 그런데 티켓값이 A석은 8,000원, D석은 800원이었다. 당시 버스 요금이 10원이었다고 하니 D석 티켓을 사려면 버스 80번, 8,000원짜리 A석을 사려면 800번을 타지 않고 아껴야 했던 것. 한 달 이상 왕복 통학 버스 요금을 아끼고 아껴야 갈 수 있었던 공연이 바로 클리프 리처드 내한공연이었다. 그럼에도 불구하고 공연 티켓은 '완판'이었다. 그의 인기를 실감하게 하는 대목이다.

공연 첫날 클리프 리처드가 등장하자마자 3,000명가량의 팬들이 굉음에 가까운 환호성을 지르는 가운데 '떼창'이 이어졌고 이에 그가 "제발 조용히해달라"고 수차례 이야기를 했음에도 듣지 않자 마이크를 관중석으로 넘겼다고 한다. 클리프 리처드가 노래를 부를 때마다 소녀 팬들은 무대를 향해 선물과 편지를 던졌다. 그런데 언론이 집중적으로 다룬 '속옷 투척'에 대해서는 당시 공연을 관람했던 이들 사이에서도 증언이 엇갈린다. 속옷을 던지는 장면을 본 것 같다는 이가 있는가 하면, 여학생들이 너무 흥분해서 울부짖는 일은 있었지만 속옷을 벗어 던지는 장면은 보지 못했다는 이들도 있었다.

어쨌든 언론은 앞다투어 클리프 리처드 내한공연 중 벗어 던진 속옷 사건을 다뤘다. 당시까지만 해도 유교 문화의 습성이 뿌리 깊은 시절이었던 까닭에 서양 저질 문화로 여성들이 타락했다느니, 망조가 들었다느니 하면서 개탄하는 분위기가 지배적이었다고 한다. 이후 YMCA는 대규모 시민 토론회를 개최하기도 했으니 클리프 리처드 내한공연 속옷 투척 사건이 어느 정도 사회적 관심을 끌었는지 알 수 있는 대목이다.

다음은 클리프 리처드 팬클럽 창단 멤버 권명문 씨가 지난 2003년 클리프 리처드 내한공연을 앞두고 1969년 그의 첫 내한공연 당시 상황을 회고한 글이다.

1969년 10월 15일, 예정 시각 오전 11시 45분보다 30분 늦은 12시 15분 클리프 리처드를 실은 일본항공(JAL) 여객기가 김포공항 하늘에 서서히 모습을 드러냈다. 탑승객 가운데 거의 마지막으로 트랩을 내린 클리프의 첫인상은 사진이나 영화에서 본 동양적인 느낌과는 달리 눈도 훨씬 크고 코도 더 오똑한 서양 사람의 모습이었다. 그날 저녁 열린 그의 리허설장에서 처음으로 사인을 받았던 감동을 아직도 잊지 못한다. 당시 우리 일행 3명은 잔뜩 긴장한 채 부동자세로 의자에 앉아 있었는데 그가 먼저 다가와 "아까 손님들은 나한테 와서 사인을 받았고 내 팬들에게는 내가 가서 사인을 해줘야지"라고 말했던 것이다.

다음 날인 10월 16일 오후 7시 30분 드디어 클리프의 첫 내한공연이 시민회관(현 세종문화회관)에서 열렸다. 1부는 밴드 '섀도우스'의 연주로 시작됐다. 2부에 드디어 인트로 「Congratulations」가 울려 퍼지면서 클리프가 등장했다. 「Shout」로 시작된 그의 공연은 완벽했다. 손가락 하나하나 움직이는 것도 '예술'이었다. 그러나 관중들의 비명(?)에 의해 노래는 전혀 들을 수가 없었다. 「Something Good & If I Should Leave You」를 부르기 전에는 클리프가 "제발 제발" 조용히해달라고 사정하기도 했다. 바로 이 곡을 부를 때만 클리프의 목소리를 들을 수 있었다. 그 외의 노래는 팬들의 함성으로 전혀 들을 수가 없었으며, 「The Young One's」를 부를 땐 그가 마이크를 아예 관중석으로 돌려놓고 팬들의 합창을 감상(?)하기도 했다. 2회와 3회 공연은 이대 강당에서 17~18일 열렸다. 특히 3회 공연은 너무나 많은 관객이 몰려 3,000여 명의 입장객보다도 공연장에 못 들어간 사람들이 더 많아 이대 운동장을 꽉 메웠다. 이날 이대 대강당 입구의 전면 유리창이 깨지는 소동으로 여학생들이 얼굴을 많이 다친 불상사도 있었다. 공연 중에도 밖에서 못 들어온 팬들의 클리프를 연호하는 소리가 계속 들려왔다. 그러나 당시 속옷을 무대에 투척했다는 소문은 손수건을 던진 게 와전된 것이다. 클리프는 관중석 모든 곳을 일일이 바라보며 손을 흔들면서 「Visions」를 마지막 곡으로 불렀다. 인트로 때와 마찬가지로 이 공연을 위해 편곡된 「Congratulations」가 마지막을 장식하는 가운데 무대를 퇴장한 클리프는 3일에 걸친 한국공연을 대성황리에 마쳤다. (2003. 3. 6.《문화일보》이승형 기자)

이후 클리프 리처드 내한공연 속옷 투척 사건 시즌 2라고 할 수 있는 일이 발생한다. 사건의 발단이 된 주인공은 바로 1992년 2월 17일 서라벌레코드의 초청으로 올림픽공원 체조경기장에서 내한공연을 한 뉴 키즈 온 더 블록이다. 뉴 키즈 온 더 블록은 당시 세계 최고의 인기를 누린 팝 스타였다. 내한공연 때의 열기는 클리프 리처드를 능가했다. 50명이 실신

하거나 부상당했고 결국 여고생 한 명이 사망하는 참사가 벌어졌다. 공연 안전에 대한 개념이 미비할 때라 한 명이라도 더 관객을 받을 생각에 무대 앞까지 빈틈없이 자리를 채운 탓으로 벌어진 비극이다. 게다가 공연 시작 시간이 지나도록 주인공이 나타나지 않아 기다리다 지친 관객들이 불만을 터트리며 항의하는 소동까지 벌어졌다. 마침내 뉴 키즈 온 더 블록이 등장하자 흥분한 뒷자리 관객들이 한꺼번에 무대 앞쪽으로 몰려가면서, 앞자리 관객들이 쓰러지고 밟히며 눌리는 등 대형사고가 터진 것이다.

당시 9시 뉴스에 나온 공연 현장은 그야말로 아수라장이었다. 소식을 듣고 공연장을 찾은 학부모들은 자식들을 찾느라 헤매고, 부상당한 학생들은 울부짖고, 결국 사태 수습을 위해 경찰이 출동했다. 부상자들이 실려간 후 중지되었던 공연이 재개되기는 했다. 그러나 이 사건으로 대한민국은 커다란 충격에 휩싸였고 며칠 동안 언론에서 관련 기사가 대서특필되기도 했다. 이 사건으로 인해 뉴 키즈 온 더 블록을 초청하여 공연을 추진한 서라벌레코드 대표가 구속됐으며 서라벌레코드 역시 9월 부도가 났고, 2004년에는 완전 폐업했다.

젠더 특성이
확실한 팬덤

가장 강력한 팬덤 '팬슈머'는 여성

'오빠 부대'라는 말은 있지만 '누나 부대'는 없다. 여성 팬들은 자신의 스타를 위해 기꺼이 지갑을 열지만 남성 팬들은 그렇지 않다. 팬덤에는 이 같은 젠더 특징이 확실하게 드러난다. 아직도 서태지와 아이들, H.O.T.의 팬덤은 활동을 이어가지만, 당대 최고의 걸그룹은 시간이 지나면 대중에게도 심지어 남성 팬덤에게도 잊히고 만다.

2000년대 들어서 아이돌의 연령대가 1990년대보다 확연하게 낮아져 중학생도 데뷔를 하여 '삼촌팬'이 등장하기는 했지만 '오빠 부대'의 결집력과 화력을 따라가지 못한다. 이에

보이그룹을 보유한 엔터테인먼트사는 규모가 커지고 상장까지 하지만 걸그룹만을 보유한 엔터사는 영세한 경우가 대부분이다. 물론 SM, JYP, YG 등 대형 매니지먼트사는 보이그룹과 걸그룹 모두를 보유하고 있지만 사세를 확장하는 데 막중한 역할을 한 것은 대체로 보이그룹이다.

국내 엔터사 중 처음으로 상장을 한 SM은 'K팝 한류의 원조'라고 할 수 있는 H.O.T.가 있었기에 가능했고, 이후 더욱 회사의 매출 신장을 이끌었던 것은 동방신기, 슈퍼주니어, 엑소 등 보이 아이돌 그룹이었다. YG 역시 빅뱅이라는 슈퍼스타가 있었고, JYP는 2PM이 있었다.

물론 여기에 걸그룹이 없었던 것도 아니고, 이들의 영향력이 미미했다는 얘기는 아니다. 보이그룹이 매출 확대에 더욱 기여를 했다는 의미다. SM에는 S.E.S., 소녀시대, 레드벨벳, YG에는 투애니원, 블랙핑크, JYP에는 미쓰에이, 트와이스, 잇지, 니쥬 등 슈퍼스타 걸그룹이 존재한다. 여기서 조금 다른 행보를 보인 곳이 JYP인데, 박진영 대표 겸 프로듀서의 독특한 경영 방식으로 SM과 YG에 비해 보이그룹보다는 걸그룹이 강세였고 동방신기, 엑소, 슈퍼주니어, 씨앤블루 등 보이그룹으로 사세를 확장하던 시기엔 오히려 뒤처져 있었다. 대신 이후 다른 엔터사들의 걸그룹이 부진할 때 보이그룹의 인기를 능가하는 걸그룹 트와이스를 데뷔시키면서 YG를 제쳤다.

이처럼 팬덤에는 젠더 특징이 강하게 나타나 회사의 규모를 결정짓게 한다. 팬덤은 곧 비즈니스, 매출 등으로 연결될 수밖에 없는데 가수들의 수익은 대부분 공연, 굿즈, 음반 판매량, 음원에서 나온다. 그런데 음반 판매량의 경우 밀리언셀러를 기록하는 건 대부분 보이그룹이다. 과거에는 김건모, 신승훈, 변진섭 등이 아니어도 100만 장 판매를 기록하는 이들이 많았다. 그러나 음반에서 디지털 음원으로 시장이 재편되면서 아이돌만이 음반을 판매할 수 있게 됐다. 막강한 팬덤만이 음반 구매로 이어지게 된 것이다.

또 대규모 국내외 공연 역시 아이돌의 수익원인데 고척돔을 비롯해 올림픽경기장 등에서 공연을 하는 건 보이그룹이지 걸그룹이 아니다. 아이돌의 수익원인 굿즈 또한 걸그룹의 경우 다양하게 제작되지 않을뿐더러 팔리지도 않는다. 보이그룹의 팬인 여성들은 확고한 팬덤을 형성해 결집하여 음반을 구입하고, '스밍질'을 하면서 '총공(총공격의 줄임말로 아이돌 팬덤에서 원하는 목적을 달성하기 위해 운영진의 진두지휘하에 단체 행동을 하는 것)'을 하지만 걸그룹의 팬인 남성들은 그들의 노래와 춤을 좋아하긴 할지언정 지갑을 열어 열성적으로 음반을 구매하는 일도 거의 없고 '스밍질'이나 '총공' 같은 걸 하지도 않는다. 결집력이 약하다는 의미다.

하지만 걸그룹이라고 해도 팬덤의 중심이 여성이라고 한다

면 이야기는 달라진다. 대표적인 예가 RBW의 마마무다. 귀
엽고 깜찍하거나 섹시한 기존의 걸그룹 콘셉트가 '걸크러시'
를 택했다. 이전에도 '쎈' 캐릭터들이 있었지만 마마무는 '세기
만' 한 것이 아니라 코믹하기도 하고 장난스럽기도 하고 섹시
하기도 한 종잡을 수 없는 캐릭터로 최고의 걸그룹 반열에 올
랐다. RBW라는 중소 엔터테인먼트사가 기적을 만들어낸 것
이다.

다시 말하지만 대부분 엔터사에서는 보이그룹으로 소위 말
해 '대박'을 노린다. 보이그룹의 경우 팬덤을 형성하기까지 오
랜 시간이 걸리는 데다 군 입대 등 복잡한 문제가 있지만 그럼
에도 불구하고 주요 수익원이기 때문이다. 걸그룹의 경우 보
이그룹에 비해 인기를 얻기는 상대적으로 쉽다. 방송 등 대중
매체를 통해 이름을 알리면 어느 정도는 인기를 얻는다. 다만
공연, 음반 및 굿즈 판매 등으로까지 이어지지 않아, 띄우기는
쉽지만 수익성은 낮다고 매니지먼트사들은 평가하고 있다.
그래서 전략적으로 보이그룹과 걸그룹을 함께 띄우기도 한
다. 걸그룹은 단기, 보이그룹은 장기로 접근하는 전략이다.

아이돌에게서만 이런 팬덤의 젠더 특성이 나타나는 것은
아니다. 장르를 불문하고 팬덤이라는 것 자체에는 젠더 특성
이 반영된다. 일반적으로 남성 팬덤은 약하지만 여성 팬덤은
강하다. 팬덤의 화력을 증명하는 것은 어쩌면 팬덤이 스타들

에게 어느 정도의 시간적, 경제적 투자를 하느냐에 달려 있다고 할 수도 있는데, 남성 팬들의 경우 여성 팬들보다 시간과 돈을 쓰는 데 상대적으로 인색하다. 이는 1020세대에만 나타나는 것이 아니라 3040은 물론 50대 이상에서도 나타난다.

'트로트'라는 장르를 새로운 트렌드로 만들어낸 TV조선의 〈미스 트롯〉과 〈미스터 트롯〉의 예에서도 이는 그대로 나타난다. 〈미스 트롯〉 시즌 1을 시작할 때는 중년 남녀 모두 트로트라는 친숙한 장르에 빠져들어 젊은 트로트 여가수들에 열광했다. 그러나 진선미에 오른 송가인, 정미애, 홍자 등 여가수들은 송가인을 제외하고는 반짝 인기에 그쳤고 가장 강력한 팬덤을 보유한 송가인 역시 중년 남성 팬들보다 여성 팬들이 다수를 차지했다. 중년 남성 팬들은 그렇게 열성적이지도 않았고 지속적으로 송가인에 대한 팬덤을 드러내지도 않았다.

〈미스 트롯〉 시즌 1의 인기에 힘입어 제작된 〈미스터 트롯〉의 경우는 달랐다. 진선미에 오른 임영웅, 영탁, 이찬원을 제외하고도 김호중, 정동원, 장민호, 김희재 등 여러 가수들이 골고루 인기를 얻었다. 이들의 팬덤은 대부분 중년 여성들로, 이들을 위해 꼬박꼬박 투표를 하고 본방을 사수하고 팬클럽을 결성하고 팬미팅을 따라다니는 등 1020 못지않은 팬덤의 위력을 발휘했다. 트로트맨의 팬덤이 텔레비전 주 시청자와 일치하자 각 방송사에서는 비슷한 프로그램을 잇달아 편성했고, 〈미스터 트롯〉을 제작한 TV조선의 경우는 〈미스터 트롯〉의 스핀오프(오리지널 영화나 드라마를 바탕으로 새롭게 파생되어 나온 작품) 성격인 〈사랑의 콜센타〉, 〈뽕숭아학당〉 등을 계속해서 제작 편성했다. 결국 팬덤을 만드는 강력한 주체는 여성이며 이들이 가장 강력한 팬덤의 모습인 '팬슈머'로 부각돼 방송사들은 이들을 위한 프로그램을 제작하는 것이다.

페미니즘에 눈뜨면
'여혐'이 되는 존재,
'여자 연예인'

페미니즘을 '혐오'하는 남성 팬덤의 두 얼굴

몇 년 전부터 페미니즘은 우리 사회에서 가장 뜨거운 이슈였다. 물론 이전에도 페미니즘이라는 프레임이 씌워지는 순간 그것은 가장 커다란 논쟁거리가 되었다. 그러나 조남주 작가의 『82년생 김지영』이 베스트셀러가 되면서부터 페미니즘은 일상의 문제가 됐다. 페미니즘은 이제 학문의 영역도, 페미니스트들만의 영역도 아닌 생활 이슈가 된 것이다.

소설은 1982년에 태어난 김지영을 주인공으로 한다. 남아선호사상으로 차별을 받아온 김지영이 직장 생활 중에는 여자라는 이유로 승진 등에 밀리고, 출산 후에는 '맘충'이라는 조

롱을 듣는 가운데 명절 때 시댁에서 서러움을 겪는 등 한국 보통 여성의 삶을 쉽게 풀어내 커다란 공감을 이끌어냈다.

『82년생 김지영』이 이끌어낸 것은 공감만이 아니었다. 남자와 여자는 평등하다는 교육을 태어날 때부터 받고 자라왔음에도 불구하고 일상적인 남녀 차별이 이뤄지는 부조리한 사회에 살고 있는 이들이 그러한 현실에 저항할 수 있는 용기까지 이끌어낸 획기적인 계기가 되었다. 이 책으로 페미니즘 스터디를 하는 풍경이 당시 대학가에서 자주 목격되기도 했다. '1982년생 김지영'들뿐만 아니라 '1990년대 중후반 출생한 김지영'들이 사는 세상 역시 변함이 없었던 것이다.

일상의 문제로서 페미니즘이 부각됐지만 페미니스트가 아니어도, 여성이 차별받는 세상에 대해 공감하기만 해도 안 되는 존재들이 있었다. 바로 여자 연예인이다. 레드벨벳의 멤버 아이린은 지난 2018년 3월 팬미팅 중, 휴가 때 『82년생 김지영』을 읽었다고 밝힌 이후로 남성들의 공격을 받았다. 아이린을 좋아했던 남성 팬들뿐만 아니라 다른 수많은 남성들로부터 비난을 받았다.

아이린이 『82년생 김지영』을 언급한 것은 스스로를 페미니스트로 선언한 것이라며, 일부 남성 팬들은 온라인 커뮤니티에 아이린의 사진을 찢고 불태우는 모습이 담긴 사진을 올리며 원색적인 비난의 글을 실었다. "아이린 탈덕한다. 그런 책을 가지고 읽었다고 언급하는 것부터가 문제다", "실제로 모르는 건지 알고도 저러는 건지 모르겠지만 네 팬들 상당수는 남자들이라는 거 명심했으면 좋겠다", "남자 팬들이 팬사인회 가고 돈 쓰고 있는데 이런 식으로 하는 건 아니지 않나?"

이는 남성 팬들의 '탈덕 소동'으로 그치지 않고 젠더 대결로 이어졌다. 여성 팬들로 추정되는 이들은 "아이린 팬은 여성이 더 많다. 돈도 안 쓰는 남성 팬들이 고작 포토카드 태우면서 유사 연애라도 한 것처럼 구는 게 더 어이없다", "책 읽었다고 논란? 그냥 아이린이 문자 배워서 책 읽는 게 싫은 수준 아닌가", "아이린을 한 명의 사람이 아니라 인형으로 소비하는 팬들은 없어져도 나쁠 게 없다" 등의 반응을 보인 것이다.

그리고 2020년에는 레드벨벳의 또 다른 멤버인 조이가 다시 페미니스트 논쟁에 휩싸였다. 조이는 레드벨벳 멤버 중 남성 팬들이 가장 많은 것으로 알려져 있었다. 이 때문에 남성 팬들은 아이린 때보다 더욱 강도 높은 비난을 했다. 아이린의 경우는 페미니스트여서 실망했고 탈덕을 하겠다는 수준이었지만 이번에는 그 정도가 아니었다. 걸그룹이 페미니스트임을 인증하는 것은 이기적인 행동이라는 논리로 공격의 수위를 높인 것이다. 걸그룹 멤버가 페미니스트라는 것을 '커밍아웃'하면 그룹의 인기가 떨어질 것이 분명해 다른 멤버들에게도 피해를 준다는 논리다.

조이는 SNS에 'WE SHOULD ALL BE FEMINISTS(우리는 모두 페미니스트가 되어야 한다)'라는 문구가 적힌 흰색 티셔츠를 슈트에 받쳐 입고 찍은 사진을 올렸다. 이 의상을 입고 2020년 8월 국가기후환경회의 푸른 하늘의 날(9월 7일) 홍보대사 위촉식에 참석했는데, 이를 두고 일부 남성 팬들은 '조이가 페미니스트를 인증한 것'이라며 공격했다. 이 티셔츠는 조이만 입었던 것도 아니었다. 국내 스타들의 경우는 김혜수, 정유미, 현아, 수지 등이, 해외에서는 리한나, 에이셉 라키, 샤를리즈 테론, 제시카 채스테인, 제니퍼 로렌스, 켄들 제너 등이 입었다.

문제의 이 티셔츠는 패션 브랜드 디올의 최초 여성 수석 디자이너인 마리아 그라치아 치우리의 작품으로, 논란이 된 문구는 나이지리아 출신 소설가 치치마만다 은고지 아디치에의 저서 *We Should All be Feminists*의 제목이다.

아디치에는 다소 생소한 작가이기는 하지만 『82년생 김지영』의 인기로 인해 국내에서도 주목받은 해외 작가로 떠올랐다. 『엄마는 페미니스트』, 『우리는 모두 페미니스트가 되어야 합니다』, 『보라색 히비스커스』, 『아메리카나』 등이 국내에서도 출간됐다.

페미니즘과 '82년생 김지영' 두 가지 키워드로 공격을 받은 이는 또 있다. 바로 배우 정유미다. 정유미가 '페미니즘의 아이콘'인 『82년생 김지영』을 원작으로 한 영화에 출연한다는 소식이 전해지자 악플이 쏟아졌다. 그가 영화 〈82년생 김지영〉에 출연한다는 소식을 전한 기사에는 어김없이 정유미를 비난하는 댓글이 수도 없이 달렸다. 2019년 10월 개봉 당시에는 남성들로부터 평점 테러를 받기도 했다. 평점 테러가 예상되자 포털사이트는 개봉 전에는 평점을 줄 수 없도록 하는 장치를 마련하기도 했다.

너무나 '핫'했던 이 영화는 독특한 팬덤 현상을 만들어냈다. '반페미니즘 팬덤'이 평점 테러에 몰두하는 동안 여성들은 영화를 보러 가지 않더라도 티켓팅을 하는 이른바 '영혼 보내기'로 영화를 응원하는 팬덤을 형성했다. 육아 때문에 영화를 보러 갈 수 없었던 여성들은 이렇게 해서라도 영화를 지지하고 싶었던 것이다.

개봉 당시 SNS에는 "10명의 영혼을 보냈다", "영혼 보내는 방법" 등 〈82년생 김지영〉을 지지하는 글들이 잇달아 올라왔다. 몸은 못 가지만 '영혼'이라도 보낸다는 팬덤 덕에 영화는 367만 명을 동원하며 손익분기점인 160만 명을 훌쩍 넘겼다. 한국 영화 시장은 천만 영화 아니면 '쪽박 영화'로 양극화돼 있었는데 100만 명을 넘기기조차 어려운 상황에서 400만 명 가까이 관객을 동원할 수 있었던 원동력은 무엇일까. 물론 스토리와 배우의 흡입력이 컸겠지만, 적극적인 팬덤이 아니었다면 불가능했을 것이다. 게다가 10월은 영화 시장 비수기였다.

앞서 라미란, 이성경 주연의 영화 〈걸캅스〉 역시 '페미니즘 팬덤'으로 손익분기점인 150만 명을 넘긴 162만 명을 기록했다. 이 작품은 남성 서사 중심의 한국 영화 시장에서 보기 드문 여성 서사 작품으로, '몰카'를 척결하는 두 여성 경찰을 주인공으로 한다는 점에서 일부 남성 관객들의 별점 테러를 당했다.

이뿐만이 아니다. 에이핑크 손나은의 경우는 SNS에 'girls can do anything(여성은 뭐든 할 수 있다)'이라고 적힌 휴대전화 케이스 사진을 올렸다가 일부 극성 남성 팬들로부터 공격을 받았다. 결국 손나은은 해당 게시물을 삭제했고, 소속사는 "쟈딕 앤 볼테르의 상품일 뿐"이라고 해명하면서 이슈를 잠재웠다.

'국민 첫사랑' 수지 역시 페미니즘 논란을 피해가지 못했다. 수지는 2020년 유명 유튜버가 불법 누드 촬영 피해를 당했다고 주장하며 올린 청와대 국민청원을 공개 지지했다는 이유로 공격을 당했다. 아이린, 조이, 정유미, 손나은 등의 경우와 마찬가지로 페미니스트 논쟁에 휩싸이자 수지는 이례적으로 SNS에 장문의 글을 게시하기도 했다.

다음은 수지가 2020년 5월 18일 SNS에 올린 글의 전문이다.

5/17일 새벽 4시 즈음 어쩌다 인스타그램 둘러보기에 올라온 글을 보게 됐다.

배우의 꿈을 가지고 있던 어떤 '여자 사람'이 3년 전 일자리를 찾다가 원치 않는 촬영을 하게 돼 성추행을 당했고, 나중에는 사진들이 음란사이트에 유출되어 죽고 싶었다고.

정확히 어떤 촬영인지 완벽하게 설명을 해주지 않았다고 했다. 뭣도 모른 채 무턱대고 계약서에 사인을 해버렸는데, 막상 촬영장을 가보니 자신이 생각한 정도의 수위가 아니었고 했다. 촬영장 사람들의 험악한 분위기와 공포감에 싫다는 말도 못 하고 도망도 치지 못했다는 내용이었다.

그 디테일한 글을 읽는 게 너무 힘든 동시에 이 충격적인 사건이, 이 용기 있는 고백이 기사 한 줄 나지 않았다는 게 너무 안타까웠다. (그 새벽 당시에는)

만약 이 글이 사실이라면 더 많은 사람이 알아야 할 것 같았다. 수사를 했으면 좋겠고 앞으로 이런 피해가 생기지 않았으면 하고 바랐다. 하지만 검색을 해도 이 사건은 어디에도 나오지 않았고 사실인지조차 확인할 수 없었다. 뭐지 싶었다. 인스타그램에 글이 한두 개만 올라와 있었다.

새벽에 친구한테 '이런 사건이 있는데 사람들이 모르는 것 같다. 어떻게 해야 할지 모르겠다'고 문자를 보내놓은 뒤 일단 잠이 들었다. 일어나 찾아보니 정말 다행히도 인터넷과 실시간 검색어에는 이 뉴스가 메인에 올라와 있었다.

이제 수사를 시작했다고 하니 다행이라 생각하며 어떻게든 이 사건이 잘 마무리가 되길 바랐다. 다른 일을 하며 틈틈이 기사를 찾아봤는데 그 기사에 달린 댓글들이 충격적이었다.

물론 아직 수사 중이다. 맞는다. 아무것도 나온 게 없다. 어디까지나 일방적인 주장일 뿐이다. 아직 누구의 잘못을 논하기엔 양측의 입장을 뒷받침할 증거가 나오지 않았으며, 어떤 부분이 부풀려졌고 어떤 부분이 삭제되었고 누구의 말이 사실이고 어디까지가 진실인지 알 수 없다.

내가 선뜻 새벽에 어떠한 결정을 내리지 못한 것도 이 때문이었다. 하지만 사건의 본질을 흐리는 듯한 댓글들을 보고 마음이 좋지 않았다. 내가 할 수 있는 게 뭐가 있을까. 아직 수사가 끝나지도 않은 이 사건에 내가 도움 줄 수 있는 건 아무것도 없었다.

하지만 그런 사진들이 유출되어버린 그 '여자 사람'에게만큼은 그 용기 있는 고백에라도 힘을 보태주고 싶었다. 몰카, 불법 사진유출에 대한 수사가 좀 더 강하게 이루어졌으면 좋겠다는 청원이 있다는 댓글을 보고 사이트에 들어가서 동의를 했다.

이 사건을 많이들 알 수 있게 널리 퍼트려달라는, 그것
만큼은 작게나마 할 수 있었다.

섣불리 특정 청원에 끼어든 것 아니냐는 지적을 해주셨
다. 맞는다. 영향력을 알면서 어떠한 결과도 나오지 않은
사건에 마땅히 한쪽으로 치우쳐질 수 있는 행동이었다.

하지만 어찌 됐든 둘 중 한쪽은 이 일이 더 퍼져 제대로
된 결론을 내리길 바란다고 생각했다. 둘 중 어느 쪽이든
피해자는 있을 거니까. 더 많은 사람의 관심을 통해 좀 더
정확한 해결 방안이 나왔으면 하는 마음에서 저렇게 지나
가게는 두고 싶지 않았다.

그분이 여자여서가 아니다. 페미니즘의 문제가 아니다.
사람 대 사람으로 '끼어들었다.' 휴머니즘에 대한 나의 섣
부른 '끼어듦'이었다.

논란은 여기서 그치지 않는다. 걸그룹 에프엑스의 멤버로
활동하다가 2019년 세상을 떠난 설리는 페미니즘, '여혐' 논
쟁의 중심에 서서 가장 거센 공격을 받았던 스타다. SNS에 노
브라 사진을 비롯해 여성 연예인에게는 터부시되는 사진들을
올리면서 설리는 악플에 시달렸다. 여성 연예인에게 유독 엄
격한 기준을 적용하는 남성 팬들의 시각 때문이다. 걸그룹 멤
버가 남성들이 원하는 순수하고 순종적인 여성상을 보여주지

않았다고 하여 그는 '여혐'의 대상이 된 것이다. 결국 설리를 죽음으로 몰고 간 것은 '여혐'이었다.

'설리가 페미니스트였나'라는 시각도 있지만, 윤김지영 건국대몸문화연구소 교수는 뉴시스와의 인터뷰에서 그를 '성장형 페미니스트'라고 평가했는데 상당히 설득력이 있어 보인다. "설리는 2030 페미니스트 여성들의 피드백을 통해 성장한 케이스라고 생각한다. 처음부터 '페미니스트 전사'였다며 부고 이후 '페미니즘의 아이콘'으로 포장하는 것은 오히려 왜곡이라고 본다. 또래의 여성들과 비판적인 피드백을 주고받으며 그 과정에서 페미니즘 이슈에 관심을 갖고 '탈브라 선언' 등의 발언을 하게 됐다. 시대적인 인식 변화를 통해 성장하고 사회에 영향력을 미친 인물이라고 생각한다."

그가 비극적으로 삶을 마감했을 때 외신들도 윤김지영 교수와 유사한 분석을 내놓았다. 미국 《빌보드》는 "조용한 것을 미덕으로 여기는 K팝에서 설리는 거침없는 행보를 보였다"며 "K팝 스타들, 특히 여성들은 대중에게 비난받을 위험을 감수하지 않으면 자신을 자유롭게 표현할 수 없다"고 했다. 《피플》도 "설리는 페미니스트적 행보를 보이며, 매우 보수적인 한국 사회, 그곳에서 살아가는 사람들과 스스로를 구분 지었다"고 평가했다.

여기에서 더 나아가 홍콩 《사우스차이나모닝포스트》는 설리를 '페미니스트 파이터'라고 소개하기까지 했다. "그녀의 페미니스트적 성향은 스타일에 반영됐다. 한국 보수 사회에서 대중 앞에서 무뚝뚝하던 설리의 모습은 논란이 됐다"며 "2016년부터 SNS에서 브래지어를 벗은 설리의 모습은 팝 아이돌 가수 롤모델의 겸손과 여성들이 마음대로 옷을 입을 수 있는 자유에 대한 논쟁을 일으켰다"고 했다.

영국 《가디언》은 "설리는 보수적인 한국 연예계에서 비교적 논란이 많았던 인물"이라며 "때때로 그녀는 브래지어를 착용하지 않았는데 찬성과 반감을 샀다. 그녀는 JTBC 〈악플의 밤〉에 출연해 '브래지어를 하지 않는 건 자유'라고 했다"고 전했다.

이처럼 여성 연예인들이 유독 페미니즘 프레임으로 공격당하는 것은 전형적인 '백래시(반격)' 현상이라는 분석이다. '백래시'란 사회나 정치적 변화로 인해 자신의 중요도와 영향력, 권력이 줄어든다고 느끼는 불특정 다수가 강한 정서적 반응과 함께 변화에 반발하는 현상을 가리키는 사회학 용어로, 주로 성적, 인종적, 종교적 소수자에 대한 차별의 기제로 작용한다.

한국에서는 백래시 현상이 그동안은 사회적 문제로 부각되지 않았다. 그러나 저성장, 고실업 등 불황으로 인해 백래시 현상이 표면적으로 나타나기 시작했다. 특히 젠더 문제에서 그런 현상이 가장 강하게 드러나고 있는데, 한정된 일자리를 두고 남녀가 치열하게 경쟁하는 사회가 되면서부터다. 1020 세대의 젠더 갈등은 30대 이상이 상상할 수 없을 정도다. 서울 소재 한 여대에서 『82년생 김지영』으로 페미니즘 스터디를 한다는 공고문이 붙자 한 남학생이 이를 찢어버리는 사건이 발생했다. 또 2018년 이수역 인근의 한 주점에서 남녀 간 폭행 사건이 벌어졌는데, 사건 직후 여성 측이 '남성으로부터 혐오 발언을 들었다'는 취지의 글을 인터넷에 올리며 사건은 젠더 갈등으로 확산되기도 했다. 이뿐만 아니라 1020 남녀들은 사적인 공간에서 수많은 젠더 갈등을 겪고 있다.

실제로 청년들 사이에서 특정 성별이 불리하다는 인식이 강하게 자리 잡으면서 젠더 갈등의 골이 깊어지고 있다는 사실을 드러내는 조사 결과가 나왔다. 2021년 3월 11일 여성가족부가 지난해 10~11월 만 19~34세 청년 6,570명을 대상으로 진행한 설문조사 결과를 토대로 한국여성정책연구원이 작성한 '청년의 생애 과정에 대한 성인지적 분석과 미래 전망 연구' 결과를 공개했다.

연구 결과에 따르면, 여성의 74.6%는 우리 사회가 여성에게 불평등하다고 생각한 반면 남성 51.7%는 우리 사회가 남성에게 불평등하다고 느끼는 것으로 나타났다. 또 우리 사회가 여성 또는 남성에게 불평등하다고 인식하는 비율은 20대 초반(19~24세)에서 가장 높은 수준인 것으로 조사됐다.

청년 여성 중 결혼을 하지 않겠다는 비율은 23.9%로 남성 (11.0%)보다 2배 이상 많았는데 결혼을 망설이거나 하지 않으려는 이유로 여성은 '굳이 결혼할 필요가 없어서'라는 응답이 26.3%로 가장 많았고, 남성은 '가족에 대한 생계 부담'이 23%로 가장 많았다. 또 현재 임금근로자인 청년 가운데 재직 중인 직장에서 남성이 하는 업무와 여성이 하는 업무가 구분되어 있다는 데 대해 여성의 32.8%, 남성의 44.5%가 '그렇다'고 응답했으며 '우리 회사에서는 여직원에게 장거리, 장기간 출장을 보내지 않는다'는 질문에 여성의 30.5%, 남성의 40.9%가 '그렇다'고 응답했다. 이어 '우리 회사는 여직원이 주로 다과와 음료를 준비한다'는 질문에 대해 여성의 51.8%, 남성의 29.6%가 '그렇다'고 대답했고, '우리 회사에서는 여직원에게 암묵적으로 화장을 요구하는 분위기가 있다'는 질문에 대해 여성의 27.1%, 남성의 15.6%가 '그렇다'고 답했다.

이와 같은 예들을 볼 때 정치적, 사회적 영향력을 행사한다는 점에 있어서 젠더 갈등이나 페미니즘이 강력한 '팬덤'이 되어가고 있는 것과 무관하지 않은 현상들이라고 할 수 있다.

'아이돌 팬덤',
비즈니스로 상장까지

매니지먼트 첫 상장사 SM부터
시총 10조 빅히트 엔터테인먼트의 탄생

팬덤 팀장까지 등장한 엔터사. 적극적 소통, 관리 대상이 된 팬덤. 빅히트 엔터테인먼트(2021년 3월 30일 주주총회에서 사명을 '하이브'로 변경), SM, JYP, YG, FNC, 키이스트, 판타지오 등등 국내 주요 엔터테인먼트사들은 대부분 상장이 돼 있다. 직상장을 비롯해 상장사를 인수해 상장사가 되는 '우회상장' 등을 통해서다. 엔터테인먼트사들의 상장은 '아이돌 상장'이라고 해도 과언이 아닐 정도다. 2000년 SM이 코스닥에 직상장한 이후 JYP, YG 등도 잇따라 상장을 했다.

특히 SM은 현진영과 1세대 아이돌 그룹 H.O.T.를 발탁해 '슈퍼스타'로 키워내며 국내 빅4 엔터테인먼트사 중에서 최초로 상장사가 됐다. 아이돌만으로도 상장이 가능하다는 것을 보여준 대표적 사례이자, SM의 K팝 아이돌 육성 시스템이 국내에 엔터테인먼트 비즈니스 모델로 성장할 수 있다는 가능성을 제시했다. 이뿐만 아니라 엔터테인먼트, 매니지먼트의 경우 다소 '음성적인 비즈니스'라는 인식이 팽배하고 매니저가 주먹구구식으로 운영하는 이미지가 여전히 강했던 당시, 투명한 경영 등이 바탕이 된 기업공개는 업계에서 혁명에 가깝다는 평가를 받았다.

이전까지만 해도 제조업과 유통 등 전통 산업만이 상장으로 규모를 키울 수 있는 업종이라고 여겨졌다. 그런데 소위 말해 '딴따라'라고 불리던 가수, 배우 등 연예인 매니지먼트가 산업이 될 수 있다는 것을 보여준 SM의 사례는 이후 K팝을 비롯해 드라마, 영화 등도 산업의 한 분야로 성장할 수 있다는 자신감을 갖게 하는 계기가 됐다. 이는 아이돌 중심 K팝 팬덤의 규모가 얼마나 큰지 그리고 얼마나 성장할 수 있는지를 증명한 것이기도 하다.

이처럼 팬덤과 팬슈머의 힘이 막강해지자 각 엔터테인먼트사에서는 '팬덤 팀장'이라는 직책까지 마련해 전략적으로 팬덤과 소통을 하기 시작했다. 팬덤과 아이돌의 일정을 공유하는가 하면, 멤버들의 개별 활동을 비롯해 차기 작품 선택 등도 상의하는 것으로 알려졌다.

미국을 비롯한 해외의 경우 아이돌 등 가수 매니지먼트사들이 상장을 한 경우가 거의 없다. 가수를 육성하는 체계적인 시스템이 발달하지 않았기 때문이다. 여전히 유니버설, EMI 등 음반 제작사 중심으로 미국의 음악 산업이 작동하고 있다. 중국, 태국, 베트남, 인도네시아 등 동남아시아가 K팝 시스템을 구축해나가고 있기는 하지만 엔터테인먼트 산업이 발달할 수 있을 정도로 경제 규모가 성장한 단계가 아닌 까닭에 아직은 배워가는 수준이다.

경제력, 구매력의 상승이 쏘아올린 팬덤 비즈니스

우리나라의 엔터테인먼트 비즈니스가 산업으로 '레벨업'할 수 있었던 것은 경제 규모의 성장과 궤적을 같이한다. 경제 성장에 힘입어 먹고사는 문제에서 문화로 국민의 관심사가 넘어가고, 의식주 이외 문화 항목에 지출할 수 있을 정도로 구매력이 커졌기 때문이다.

1970년대 경제가 발전하면서 1980년대에는 정부와 국민의 '부'가 드러나기 시작했고, 1990년대에 이르러 드디어 풍요로움이 폭발하기 시작했다. 풍요로움이 더욱 증폭할 것을 미리 보여준 시그널은 1990년대 말에서 2000년대 초의 '벤처붐'이었다. 거품이 꺼지면서 '벤처붐'을 추후 '버블'이라고 불렀지만 지금 돌이켜 보면 '투자의 붐'이었다.

2020년 코로나 19로 인해 대세가 된 비대면 디지털 경제는 2000년대 벤처붐이 없었다면 불가능했다. 다른 나라에 비해 코로나 19로 인한 경제적 피해가 상대적으로 적었던 이유도 디지털의 발전이 커다란 역할을 했다는 게 중론이다. 2000년까지만 해도 인터넷은 핸드폰이 아닌 PC로만 가능했고, 핸드폰으로 인터넷을 연결해서 사용할 수 있는 콘텐츠는 극히 제한적이었으며 비용도 상당해 이용자가 드물었다. 물론 이제는 모바일이 대세이지만 말이다. 정보기술(IT)에 대한 투자를 과감하게 할 수 있었던 것 역시 경제력과 구매력이 높아졌기 때문이다. 먹고살기 벅찼던 1970년대라면 과연 미래의 기술, 디지털에 대한 투자가 가능했을까? 이는 현재 일론 머스크 테슬라 대표이사가 꿈꾸는 '화성으로 100만 명 이주' 계획과 비슷하다고 볼 수 있다.

당시까지만 해도 '미지의 영역'에 가까웠던 디지털 투자가 붐을 이뤘고 문화 향유는 일상이 됐다. 경제력에 힘입어 팬덤이 형성되고 폭발하면서 하나의 산업이 될 준비가 일고 있었던 것이다.

오디오에서 비디오로, 유튜브로,
미디어 환경 변화로 달라진 '스타 공식'

구매력에 더해 미디어 환경의 변화도 팬덤의 폭발을 가속화했다. 1980년대까지만 해도 지상파 방송을 비롯해 라디오, 콘서트 정도가 대중문화 유통 수단이었다면 1990년대 이후부터는 케이블 채널 등이 잇달아 개국하면서 대중문화를 소비할 수 있는 채널까지 다양해졌다. 채널의 증가로 인해 K팝, 드라마 등이 양적, 질적으로 성장하는 토양이 됐다. 특히 엠넷은 K팝의 성장에 가장 커다란 역할을 한 채널이라고 해도 과언이 아니다. 1980년대까지만 해도 뮤직비디오는 단순히 노래를 소개하는 수준의 영상으로 제작됐다. 그러나 엠넷이 청소년들 사이에서 인기를 얻으면서부터는 영화 같은 뮤직비디오, 드라마 같은 뮤직비디오로 시선을 끌었고 바야흐로 '오디오형' 가수에서 '비디오형' 가수로 대중음악계에 지각변동이 일어났다.

SM이 상장사로 규모를 키우고 국내 엔터테인먼트사 '넘버원'의 자리를 차지하는 데 가장 커다란 역할을 한 '슈퍼스타' 현진영과 H.O.T.가 바로 이 경우에 속한다. 물론 현진영의 경우는 춤뿐만 아니라 가창력 역시 '오디오형 가수' 못지않다. 그가 데뷔해서 활동하던 시기까지만 해도 '춤' 등 퍼포먼스보다는 '가수는 노래를 잘해야 한다'는 게 의무였다. 가수가 노래를 잘해야 하는 건 현재도 유효한 필수 조건이지만 과거는 지금보다 가창력에 훨씬 더 무게를 뒀다. 요즘은 일종의 '보정' 기술이 발달해 가창력이 조금 부족해도 커버가 됐지만 과거는 이러한 기술 자체가 없었기 때문에 가창력이 따라주지 않는다면 가수가 될 수도, 인기를 누릴 수도 없었다.

그런데 가창력을 커버할 수 있는 기술이 나오고 안무와 퍼포먼스가 가수를 더욱 돋보이게 하는 방송 채널이 등장하면서 조금 뒤처진 가창력은 문제될 게 없어졌다. 이 때문에 1세대 아이돌의 경우 가창력이 떨어지니 춤으로 승부한다, 외모로 승부한다, 하는 비난을 받기도 했다. 그럼에도 불구하고 이들은 팬덤을 만들어냈고 '자본 시장의 꽃'인 증권 시장에 자신들의 소속사를 상장시키는 역할까지 하게 된 것이다.

매니지먼트가 하나의 산업이 될 수 있음을 제일 먼저 증명한 이는 이수만 SM 엔터테인먼트 대표다. 가수이자 방송인 출신인 그는 1988년 힙합 1세대 가수 현진영을 발탁해 '슈퍼스타'로 키워냈다. 현진영을 데뷔시키고 빅스타로 키우는 과정은 과거 매니지먼트 수준이었다. 매니지먼트가 산업으로 발전하기 이전, 즉 매니저가 가수 한두 명을 데뷔시키고 행사를 비롯해 방송 일정을 잡고 수익을 배분하는 형식이었다.

'세계의 표준'이 된 아이돌 육성 시스템을 만든 SM

이수만 대표 프로듀서는 그동안의 경험을 바탕으로 1995년 SM 엔터테인먼트를 설립하고 가요계에 아이돌 전성시대를 연 첫 번째 주자로 평가받는 H.O.T.를 데뷔시킨다. H.O.T.가 데뷔하고 인기를 얻는 동안 지나치게 상업적인 것 아니냐는 비판의 목소리도 있었다. 그러나 현재의 BTS가 탄생할 수 있었던 밑바탕이 된 것이 바로 이 아이돌 그룹에서부터 비롯된 K팝 아이돌 육성 시스템이라는 데는 이견이 없다.

물론 미국, 유럽 등지에서 K팝이 알려지기 시작할 당시 아이돌 시스템이라는 것 자체에 대한 거부감이 컸고 비판적인 의견도 적지 않았다. 마치 공장에서 기성품을 찍어내듯이 매니지먼트사가 아이돌을 '기획 상품'처럼 만들어낸다는 것이다. 이 때문에 다양성이 없고 K팝 아이돌은 천편일률적이라는 혹평까지 나왔다. 그러나 20년도 채 지나지 않아 여론은 반전됐다.

2019년에는 영국 공영방송 BBC가 K팝 다큐멘터리를 통해 이수만 SM 총괄 프로듀서를 집중 조명했다. 〈K팝 아이돌스: 인사이드 더 히트 팩토리K-Pop Idols: Inside the Hit Factory〉 프로그램에서 세계적인 인기를 얻고 있는 K팝의 성공 스토리와 성장 이유를 밝히고자 프레젠터 제임스 발라디가 한국을 방문해 K팝을 하나의 산업으로 만든 선구자 이수만 프로듀서와 인터뷰하고 SM 제작 시스템, 공연 현장 등을 체험하는 모습을 담았다. 특히 BBC는 이수만 프로듀서에 대해, K팝의 성장에 누구도 대체할 수 없는 공헌을 한 인물로 평가했다. 그러면서 30여 년 동안 K팝을 비롯하여 한국의 음악 산업에 지대한 영향을 미친 '아이콘'이라고 극찬했다.

BBC는 또 SM 트레이닝 시스템부터 H.O.T.와 보아의 해외 진출을 통한 한류의 성장 등을 상세히 전했다. 이어 엑소의 콘서트 및 백현의 솔로 앨범 음악 방송 현장도 방문해 직접 K팝 팬덤 문화를 체험했다. 발라디는 팬들이 응원봉을 흔들며 한목소리로 응원 구호를 외치는 모습을 보고 감탄사를 쏟아냈고, 삼성동 SMTOWN 코엑스 아티움 전시를 둘러보며 K팝이 음악뿐만 아니라 안무, 패션 등 다양한 요소가 집약돼 있다고 분석하기도 했다.

'비즈니스맨' 박진영의 JYP 상장과 성공 전략

SM이 아이돌 팬덤 비즈니스로 상장까지 하고 하나의 산업이 될 수 있다는 것을 보여주자, JYP 엔터테인먼트도 상장사 대열에 합류한다. 물론 JYP의 경우는 SM과 같은 직상장이 아닌 우회상장을 선택했다. JYP는 2010년 12월 가수 '비'가 소속된 코스닥 상장사 제이튠 엔터테인먼트를 인수합병했는데, 이는 업계에 커다란 파장을 일으켰다. 박진영 프로듀서의 치밀한 M&A 전략 때문이다.

박진영 컨소시엄은 제3자 유상증자 방식을 통해 제이튠 엔터테인먼트 경영권 지분 17.7%를 총 85억 원에 취득했다. JYP와 박진영이 각각 10.9%, 6.1%를 책임지고, 나머지 지분은 JYP 임직원들이 출자했다. 인수 후 곧바로 사명도 JYP 엔터로 바꿨다.

JYP가 제이튠 인수를 공식화하기 전에도 소문은 무성했다. 시장에서는 JYP가 우회상장을 위해 제이튠을 인수할 것이라는 관측이 돌았지만 '슈퍼스타' 비의 계약 만료가 다가오는 시점이었기 때문에 실익이 없는 딜이라는 분석도 있었다. 인수합병의 목적은 실익이 있느냐 없느냐에 달려 있는데 비가 재계약을 하지 않을 경우 그로 인해 창출되는 팬덤 비즈니스 자체가 불가능했기 때문이다. 비 역시 당시 회사에서 지분을 대부분 처분한 상황이었던 까닭에 계약이 만료되면 제이튠과는 어떤 접점도 없는 상황이었다. 엔터사의 경우 아티스트 한 명 혹은 한 팀이 수익의 대부분을 책임진다고 해도 과언이 아니기에 박진영의 선택에 우려를 나타내는 이들도 적지 않았던 것으로 알려졌다.

그런데 박진영은 업계가 상상하는 그림이 아닌 더 큰 그림을 그리고 있었다. 제이튠과의 합병으로 우회상장하게 된 JYP는 상장을 통해 투자금을 확보할 수 있게 된 것이다. JYP엔터는 일 년 뒤 60억 원 규모의 신주인수권부사채(BW)를 발행해 자금을 조달했다. BW는 발행회사의 주식을 매입할 수 있는 권리가 부여된 사채로, 사채권자에게 사채 발행 이후 기채회사가 신주를 발행하는 경우 미리 약정된 가격에 따라 일정한 수의 신주 인수를 청구할 수 있는 권리가 부여된다. 결과적으로 인수를 통한 우회상장을 하지 않고 투자금을 모으지 못했더라면 현재의 JYP는 없을지도 모른다는 생각이다. JYP는 이렇듯 상장을 통해 투자금을 투명하게 조달하면서 사세를 확장해나갔다.

2000년대 초반까지만 해도 SM에 밀려서 이렇다 할 아이돌을 키워내지 못했던 JYP는 2007년 '원더걸스'라는 걸그룹을 데뷔시키며 비로서 도약하기 시작한다. 이전까지 진주, 박지윤, 임정희 등 여성 솔로 가수들이 소속돼 있었지만 진주와 임정희는 가창력을 내세운 '오디오형' 가수로 2000년대 트렌드와는 다소 거리가 멀었고, 박지윤은 '섹시 콘셉트'를 내세워 주목받았지만 팬덤 현상을 이끌어낼 정도는 아니었다. 1990년대 말부터 이미 솔로 여가수의 인기가 시들해지고 핑클, S.E.S., 베이비복스 등 걸그룹이 대세였던 것이다.

다시 '원더걸스' 이야기로 돌아가자면 원더걸스는 이런저런 부진을 겪던 JYP의 첫 아이돌 걸그룹이다. 2007년 하반기에 발매된 두 번째 음반인 정규 1집 '더 원더 이어즈The Wonder Years'의 타이틀곡 「텔미」가 선풍적인 인기를 얻으면서 원더걸스는 '2세대 아이돌' 선두주자가 됐고 이후 「소 핫」, 「노바디」까지 3곡이 연속 메가히트를 치면서 '국민 걸그룹'으로 독보적인 위치에 올랐다.

그리고 '삼촌팬'이라는 새로운 팬덤이 바로 원더걸스로부터 시작된다. 2000년대 초반 이전까지만 해도, 다시 말해 핑클과 S.E.S., 베이비복스 등의 걸그룹까지만 해도 또래 혹은 이보다 약간 어린 남성이 주요 팬덤이었다. 그러나 원더걸스부터는 팬덤을 소비하는 연령대가 높아지는 계기가 됐다. 이전까지만 해도 걸그룹을 좋아하면 채신머리가 없다는 타박을 들어야 했기에 드러내지 못했던 연령대도 이제는 당당하게 팬덤을 드러낼 수 있는 사회적 분위기가 형성되면서 '삼촌팬의 탄생'이 이뤄진 것이다.

원더걸스는 미국 진출을 감행한 첫 걸그룹이기도 하다. 이들은 2009년 3월 28일 첫 단독 콘서트를 마지막으로 국내 활동을 마무리하면서 미국에 진출했다. 조나스 브라더스 콘서트 오프닝 게스트로 전미 투어를 했으며, '노바디' 앨범이 발매된 후 한국 최초로 '빌보드 핫 100'에 올랐다. 원더걸스의 미국 진출을 '절반의 성공' 혹은 '실패'라고 평가하는 이들도 있다. 인기가 절정이었을 때 한국에서 활동을 지속했더라면 더욱 독보적인 위치에 올랐을 것이라는 아쉬움 때문이다.

원더걸스로 도약하던 JYP는 이후 이렇다 할 아이돌을 발굴하지 못한다. '국민 첫사랑' 수지가 멤버로 있던 미쓰에이가 인기를 얻기는 했지만 이들도 막강한 팬덤을 만들어내지는 못 했다. 그러다 2015년 드디어 JYP가 퀀텀점프를 하는 계기가 마련됐다. 바로 트와이스를 발탁한 것이다.

트와이스는 탄생부터가 전략적이었다는 평가다. 엠넷의 서바이벌 프로그램 〈SIXTEEN〉을 통해 최종 멤버 9명을 선발했다. 인기가 가장 많은 연습생을 공개 경쟁을 통해 선발하였으니 대중의 사랑을 받지 못할 이유가 전혀 없는 것이다. 이렇게 해서 한국인 5명, 일본인 3명, 대만인 1명으로 이루어진 9인조 다국적 걸그룹 트와이스가 탄생하게 됐다. 한국, 일본, 대만 등 아시아를 대표하는 멤버들이 소속됐으니 각 나라에서 사랑받지 못할 이유 또한 없었던 것이다. 이는 전략적 국적 선택이라고 볼 수 있는 대목이기도 하다. 처음에는 7명을 선발하기로 했지만 박진영이 두 명(모모, 쯔위)을 추가하면서 나연, 정연, 모모, 사나, 지효, 미나, 다현, 채영, 쯔위가 최종 멤버가 됐다. 쯔위의 경우 대만인 중에서는 최초로 한국 아이돌로 데뷔했다.

원더걸스에서 시작된 '삼촌팬'을 비롯하여 남녀노소를 막론하고 중국, 일본, 대만 등지에서도 트와이스가 인기를 끌자 JYP는 2016년 창사 이래 최대 실적을 올렸다. 2015년 데뷔하여 2016년은 트와이스가 본격적인 팬덤을 형성한 시기다. JYP는 2016년에 전년 대비 45.7%나 매출이 상승해 736억 원을 기록했다. 트와이스의 성공에 힘입어 JYP의 주가역시 급등했다. 급기야 JYP의 2018년 기준 시가총액은 1조 2,756억 원으로 SM 엔터테인먼트(1조919억 원)를 넘어서기도 했다.

트와이스 이후에도 '잇지ITZY'가 일본 등에서 성공을 거두어 JYP는 계속 '걸그룹 팬덤'을 이어가며 승승장구하고 있다. 한한령에 잠시 주춤하기도 했지만 대만과 일본 국적을가진 멤버 덕으로 다른 걸그룹에 비해 타격이 덜했다. '잇지'가 일본에서 크게 성공을 거두고 있는 가운데 JYP가 전략적프로젝트로 일본에서 데뷔시킨 '니쥬'도 2020년 데뷔와 동시소위 말해 대박을 터트렸다. 이 그룹은 JYP가 일본 소니뮤직과 손잡고 기획한 '니지 프로젝트'로, 일본인 대상이지만 K팝아이돌 트레이닝 시스템을 접목해 데뷔하는 방식으로 탄생했다.

니쥬는 데뷔 전부터 일본 대표 연말 가요 프로그램인 NHK 〈홍백가합전〉 출연을 확정 짓고 각종 시상식을 섭렵하며 화제를 모았다. 데뷔 싱글 '스텝 앤드 어 스텝Step and a step'은 발매하자마자 오리콘 차트 정상에 올랐다. 이기훈 하나금융투자 연구원은 "니쥬의 데뷔 싱글 판매량은 이미 트와이스 전성기를 뛰어넘었다"며 "구글 트렌드로도 트와이스의 75% 수준에 근접해 2021년 일본에서 다섯 손가락 안에 드는 팬덤을 확보할 것"이라고 전망하기도 했다. 그러면서 니쥬의 일본 앨범 매출액은 트와이스 대비 2배 이상 충분히 가능한 수준임을 감안해 실적 상승세는 꾸준하게 이어질 것이라는 관측을 내놓기도 했다.

'팬덤의 주인공'에서 팬덤 제작자로, 양현석의 YG

YG 엔터테인먼트는 2011년 코스닥에 직상을 한 경우다. 양현석은 연예계를 강타한 '버닝썬 사건' 이후인 2019년 사임할 때까지 YG의 대표 프로듀서였다. SM, JYP 모두 가수 출신이 대표가 된 케이스인데 양현석 역시 '서태지와 아이들'의 멤버였다. SM의 이수만, JYP의 박진영과 달리 막강한 팬덤을 누렸을 뿐만 아니라 팬덤의 시작을 알린 서태지와 아이들 출신이라는 이력의 소유자로 '팬덤의 주인공'에서 '팬덤을 만드는 이'가 된 사례다.

YG 역시 창립 초기에는 JYP와 마찬가지로 가창력 위주의 가수가 중심이었다. 외모를 보지 않는다고 해서 오디오형 가수들이 가장 선호했던 엔터사이기도 하다. '빅마마'를 발굴하기도 했는데 당시 살을 빼지 않는 게 데뷔 조건이었다는 사실이 알려지면서 화제가 되기도 했다. 이 때문에 스타라면 평생 안고 가야 할 숙제인 '다이어트'를 죽어도 못 하겠다는 가수 지망생들이 YG에 들어가기 위해 문전성시를 이룬다는 말이 돌기도 했다.

그러나 오디오형 가수로만은 살아남을 수 없다는 게 대중음악계 현실이었다. 어쩌면 이러한 시장과 문화의 흐름, 트렌드를 가장 잘 알고 있었던 것도 양현석 대표 프로듀서가 아니었을까 싶다. 서태지와 아이들은 랩이라는 새로운 장르로, 그리고 회오리 춤 등의 퍼포먼스로 아이돌 탄생의 매개가 된 그룹이었기 때문이다. 당시 서태지와 아이들을 혹평했던 작곡가를 비롯해 평론가들이 비판했던 부분 또한 가사가 들리지 않는다거나 멜로디가 약하다는 등의 음악성이었고, 높이 평가를 받았던 부분은 랩이라는 새로운 장르와 퍼포먼스였다.

돌이켜 보건대 가장 트렌디하게 대중음악계를 주도할 것 같았던 양현석 피디의 초기 선택은 어쩌면 당시 자신의 전성기에 대한 '역선택'으로도 보인다. 1998년 설립한 이후 YG는

'킵식스'라는 그룹을 처음으로 데뷔시켰지만 실패했다. 이후 지누션, 원타임을 잇달아 성공시키고 2000년대 초반에 들어서는 세븐, 빅뱅, 투애니원 등 아이돌로 '대박'을 터트리면서 엔터 빅3에 오른다. 양 프로듀서가 가장 잘하는 트렌디한 음악을 한 것이 적중한 셈이다.

특히 2006년 데뷔한 슈퍼스타 아이돌 '빅뱅' 덕에 2011년 드디어 코스닥 시장에 상장을 한다. 빅뱅의 앞날이 창창한 시기였던 터라 코스닥 상장 첫날인 2011년 11월 23일 상한가를 기록하는 기염을 토했다. YG의 공모가 3만4,000원의 2배인 68,000원에 장을 시작해 가격 제한폭까지 오른 7만8,200원에 거래를 마쳤다. 새내기 주는 차익을 실현하기 위해 장에 주식을 내다 파는 투자자들이 몰려 상장 첫날 급락하는 경우가 많은데 YG처럼 상한가를 기록하는 것은 이례적이다.

상장 이후에도 국내외에서 강력한 팬덤을 확보한 빅뱅은 YG의 캐시카우 역할을 톡톡히 했다. 여기에 2010년 영입한 싸이가 2012년 「강남스타일」로 글로벌 히트를 기록하면서 사세는 또 한 번 퀀텀점프를 기록한다.

미국을 비롯해 전 세계에서 폭발적인 인기를 끌었던 「강남스타일」은 발표 당시인 2012년 미국에서만 359만 건이 다운로드되며 미국 디지털음원 판매량 9위를 차지했다. 영국에서도 연간 차트에서 약 87만800장의 판매량을 기록해 싱글 판매량 6위에 올랐고 2013년 3월에는 영국에서 누적 판매량 100만 장을 달성해 밀리언셀러가 됐다. 이렇게 「강남스타일」은 UK 차트에서 아시아 가수로는 처음으로 밀리언셀러라는 기록을 세웠다.

이후 위너, 아이콘 등 보이그룹이 데뷔했지만 빅뱅과 같은 팬덤을 형성하지는 못 했다. 그러나 투애니원 이후 처음으로 선보인 블랙핑크로 인해 YG는 다시 한번 도약할 수 있는 원동력을 마련했다. 빅뱅 멤버들의 군 입대를 비롯해 승리의 '버닝썬 사태' 등이 잇달아 터졌을 때도 블랙핑크가 팬덤을 형성하면서 YG의 몰락을 가까스로 막았다.

빅뱅은 지난 2017년 12월 31일 '라스트 댄스 투어'를 마무리하면서 국내에서는 최초로 1,000만 명 관객을 돌파했다. 영화 시장에서는 일 년에도 수 편의 천만 영화가 탄생하지만, 공연 천만 관객은 달성하기 어려운 기록인 것을 감안하면 빅뱅의 팬덤이 얼마나 막강한지를 알 수 있다.

빅뱅으로 상장까지 하고 국내 톱3 엔터사로 도약했지만 결국 빅뱅 멤버의 불미스러운 일로 인해 존폐의 위기에까지 놓이게 된 것은 YG의 아이러니한 운명이라고 할 수 있다.

BTS를 장르로, 플랫폼으로 만든
방시혁의 빅히트 엔터테인먼트

과거 빅3 엔터테인먼트사의 상장은 규모가 너무 작다고 느껴질 만큼 '역대급 대어'가 지난 2020년 코스피에 상장을 했다. 바로 대체 불가한 글로벌 팬덤 '아미'를 보유한 K팝 최고 아티스트 BTS의 소속사 빅히트 엔터테인먼트다. 2013년 데뷔한 BTS는 2015~2016년부터 글로벌 팬들과의 소통을 늘려가며 국내를 넘어선 팬덤을 확보했고, K팝 가수로는 처음으로 빌보드 뮤직 어워드 4년 연속 수상, 아메리칸 뮤직 어워드 3년 연속 수상이라는 쾌거를 이루었다. 거기다 올해는 그래미 후보에도 올랐다.

'21세기의 비틀스'라고 불리는 BTS이기에 이들을 보유했다는 사실만으로도 빅히트의 기업 가치는 국내 모든 엔터테인먼트사를 합친 것 이상일 거라는 관측도 나왔다. 특히 '아미'라는 팬덤은 중국의 편협한 애국주의까지 항복할 정도인 데다 충성도 또한 높아 장기적으로 봤을 때도 BTS와 빅히트의 가치는 전망 자체가 불가능한 수준이라는 분석이다.

이 때문에 상장 소식이 전해질 때부터 빅3 엔터사인 SM, JYP, YG의 기업 가치인 3조1,000억 원가량을 뛰어넘는 5조 원의 가치를 평가받았다. 거품 논란이 있었음에도 불구하고 한국, 일본, 중국, 동남아 등 아시아권이 아닌 미주, 유럽 등 전 세계에 걸친 글로벌 팬덤 '아미'로 무장한 BTS가 대체 불가의 아티스트라는 사실은 그 가치가 5조 원을 뛰어넘는다는 게 시장의 판단이었다.

빅히트는 밸류에이션 판단부터 공모주 청약, 상장 첫날 등 모든 상장 일정에서 화제를 낳았다. 공모주 청약에만 58조 4,000억 원이 몰렸고 경쟁률도 607대 1을 기록했으며 공모가는 13만5,000원이었다. 공모주 청약 규모는 2020년 상장을 한 회사 중 2위로, 1위는 이보다 1,000억 원이 많은 58조 5,000억 원을 기록한 카카오게임즈였다.

규모뿐만 아니라 아미들의 청약 열풍 역시 화제가 됐다. 1주라도 받아서 BTS에게 더욱 든든한 아미가 돼주겠다는 '청약 팬덤'까지 등장한 것이다. 아미가 아니더라도 BTS의 팬덤에 대해 아는 이들이 공모주 청약 행렬에 가세하면서 빅히트의 상장 역시 '빅히트'를 쳤다. 그리고 상장 첫날도 주가는 드라마틱했다. 개장 직후 빅히트 주가는 일일 가격 제한폭인 30%까지 올라 상한가인 35만1,000원까지 치솟으며 공모가의 2배로 시초가가 결정된 직후 상한가를 기록한다는 뜻의 '따상'을 달성했다. 하지만 추가 상승을 노리는 투자자들보다 당장 차익을 실현하려는 투자자들이 많아지면서 결국 종가로 시초가보다 4.44% 하락한 25만8,000원을 기록했다.

그러나 2020년 10월 코스피에 상장한 빅히트는 2021년 4월 현재 상장 당시 공모가를 비롯해 시장의 밸류에이션 판단이 '거품'이거나 '고평가'가 아니라는 것을 보여줬다. 빅히트는 2020년 3월 30일 주주총회에서 사명을 '하이브'로 변경하는 안건을 통과시켰다. BTS 하면 함께 떠오르는 빅히트 엔터테인먼트라는 사명을 버리고 하이브로 변경한다는 것에 대한 거부감도 있었지만 하이브는 또 다른 프로젝트를 준비하고 있었다. 하이브는 2021년 4월 2일 공시를 통해 '미국 거물급 제작자' 스쿠터 브라운의 종합 미디어기업을 인수한다고 밝혔다. 미국 법인 빅히트 아메리카를 통해 '이타카 홀딩스' 지분 100%를 10억5,000만 달러(약 1조1,840억 원)에 인수한다는 것이다.

이타카 홀딩스는 음악 관련 매니지먼트, 레코드 레이블, 퍼블리싱, 영화, TV 쇼 분야를 아우르는 종합 미디어 지주회사로, 아리아나 그란데, 저스틴 비버 등이 소속된 매니지먼트사 'SB 프로젝트'와 과거 테일러 스위프트가 소속됐던 것으로 유명한 컨트리 레이블 빅머신 레이블 그룹을 자회사로 두고 있다.

우리나라 엔터테인먼트 기업도 해외 투자자들로부터 투자를 받는 회사에서 해외 기업에 투자하고 인수합병을 하는 글로벌 회사가 될 수 있다는 것을 보여준 사례다. 하이브의 인수합병 소식이 전해지면서 고평가 논란에 시달렸던 주가는 오히려 재평가를 받았다. 4월 5일 이베스트증권사 등은 현재 27만 원 선인 빅히트의 목표 주가를 43% 올린 50만2,000원으로 제시했다.

♪ Dynnnnnanana, life is dynamite

Shining through the city with a little funk and soul

So I'mma light it up like dynamite, woah ♬

Part 2

BTS는 어떻게
21세기의 비틀스가
되었나

팬덤의 아버지들:
이수만, 박진영
그리고 양현석

시대 감성을 중시한 'K팝 팬덤의 아버지' 이수만

SM 이수만 프로듀서가 2005년 슈퍼주니어를 처음 데뷔시킬 때 가장 많이 들었던 질문은 바로 "멤버가 너무 많은 것 아니냐?"라는 것이었다. 1집 'Super Junior 05' 당시 이특, 희철, 한경, 예성, 강인, 신동, 성민, 은혁, 시원, 동해, 려욱, 기범 등 12명으로 데뷔했고, 2006년 막내 규현이 합류하면서 13명으로 활동했다. 이후 한경, 강인, 기범이 탈퇴하여 현재 정식 멤버는 10명이다. 10명도 많지만 처음에는 무려 13명이었다. '최애 멤버'가 있기는 하지만 당시까지만 해도 모든 멤버를 두루 좋아했던 한국 팬덤 정서상 받아들여지지 않으리란 우려가 컸던 것도 사실이다.

그러나 결국 '팬덤의 아버지' 이수만 프로듀서의 선택은 옳았다. 중국을 비롯해 인도네시아, 베트남, 태국 등 동남아에서는 슈퍼주니어가 온다고 하면 공항이 팬들로 가득 찼다. 특히 중국에서는 슈퍼주니어가 콘서트를 하는 날 '도로 통제령'이 내려지고, '슈퍼주니어를 욕하는 자는 만리장성 밑에서 죽어서 발견된다'라는 말까지 나돌 정도로 이들은 막강한 팬덤을 보유했다.

데뷔 초의 우려를 보기 좋게 배신하면서 슈퍼주니어는 슈퍼스타가 된다. 이수만 프로듀서의 전략이 적중한 것이다. 13인조면 이름을 외우기도 쉽지 않다고 우려했지만 '최애' 스타일은 제각각이고, 13명 중 한 명은 분명히 여성 팬들이 좋아할 것이라는 전략이 통했다.

슈퍼주니어 외에도 현진영, 그리고 1세대 아이돌 H.O.T., S.E.S., '아시아의 별' 보아, 동방신기, 엑소, 소녀시대, 레드벨벳 등 이수만 피디의 전략은 대부분 성공했다. SM의 연습생이 된다는 것은 어느 정도 성공을 보장받는 티켓과도 같았다. 이수만 피디의 감각과 SM이라는 대형사의 K팝 아이돌 육성 시스템, 마케팅력은 스타 제조기나 다름없었기 때문이다.

그렇다면 이수만 피디는 어떻게 이처럼 'K팝 팬덤의 아버지'가 됐을까. 우선 그의 이력은 당시 엔터테인먼트사 대표들과 사뭇 달랐다. 서울대 농업기계학과를 졸업한 엘리트로 매니저를 겸하는 대표들과의 이력에서부터 차이를 보였다. 물론 그는 가수 출신이기도 하다. 가수, MC 등 방송인으로서 엔터업계의 플레이어였다. 또한 엔터사 대표로서 이수만은 '팬덤'의 속성을 가장 넓고 깊게 이해했기에 K팝, 엔터테인먼트업을 산업의 초석으로 만들 수 있었다.

그는 1972년 밴드 '4월과 5월'의 멤버로 데뷔했지만 건강 문제로 중도 탈퇴했다. 서울대 시절에는 '샌드페블즈' 초창기 멤버로서 활동하는 등 정통 록을 기반으로 한 음악에 심취했다. TBC의 '비바 팝스(일레븐 팝스)'를 비롯해 MBC '별이 빛나는 밤에', '젊음의 음악캠프', '팝스 투나잇', '젊음의 음악캠프 이수만과 함께(배철수의 음악캠프 전신)' 등의 DJ를 맡기도 했던 그는 라디오뿐만 아니라 토크쇼 등 방송 프로그램에서 명MC로 이름을 날렸고 1977년 1회 〈대학가요제〉 사회자이기도 했다. 더불어 〈대학가요제〉 역사상 최다 MC라는 기록도 보유하고 있다.

그는 H.O.T.를 데뷔시키면서 아이돌 문화를 제시했다. 지나치게 상업적이라는 비판도 있었지만 이수만 피디의 아이돌 개념 제시는 현재의 K팝이라는 장르를 세계에 알리고, 주류 음악으로서 입지를 다지게 했다. 'K팝 팬덤의 아버지'라는 말이 과언이 아니라는 얘기다.

막강한 화력으로 정치, 사회, 경제, 문화 전반에 영향력을 행사하는 팬덤 형성은 아이돌이 아니었다면 불가능하다. 솔로 가수도 팬덤을 만들어낼 수는 있지만 세계 대중음악사상 가장 강력한 팬덤 영향력을 발휘했던 가수들은 역으로 '20세기의 BTS'라고 말할 수 있는 비틀스, 뉴 키즈 온 더 블록 등 그룹인 경우가 많다.

인원수가 많아 가수 이름을 외우기 어렵다는 우려 속에서도 그는 대중의 트렌드 변화를 감지해 슈퍼주니어와 엑소, 소녀시대를 데뷔시켰으며 보아를 통해 해외 시장을 개척했다. H.O.T.가 중국과 일본, 동남아 등에서도 인기를 얻자 이후 거의 최초로 기획부터 철저히 해외 진출을 염두에 둔 아이돌을 육성하기 시작했고, 그 첫 작품이 바로 일본 진출을 염두에 둔 보아였다. 그리고 중국 진출을 염두에 두고 중국인 멤버까지 도입했던 슈퍼주니어 등의 아이돌은 이수만이 기획하기 전 과거 한국에서는 볼 수 없던 가수 유형이었다. 또 2010년 데뷔한 엑소의 경우는 아이돌 시장에 본격적으로 '세계관 문화'를 도입하고 성공시키면서 다시 한번 성공 스토리를 썼다. 이후 BTS를 비롯해 대부분의 아이돌이 각자의 세계관을 내세우며 아이돌 팬덤에 새로운 트렌드를 만들어냈다.

이 같은 성공작들은 이수만의 경영 철학과 전략이 없었다면 불가능했다는 평가다. 긴 기간은 아니었지만 가수로서 펴포먼스를 해봤기에, 그리고 DJ를 하면서 오디오형 가수 시대를 경험하고 방송 MC를 통해 비디오형 가수가 대세가 될 것임을 직감하였기에 이러한 시도가 가능했으리라고 본다. 그는 미디어 환경의 변화가 대중가요계는 물론 팬덤이라는 현상 자체에 격변을 가져올 것임을 직관적으로 느꼈을 가능성이 높다. 대중이 스타의 어떤 모습을 좋아하는지는 물론 시대 정신, 시대 감성을 담아야 스타가 될 수 있다는 점 역시 간파했으리라. 이후 그가 차례로 선보인 가수들이 곧 조금씩 달라진 시대 정신, 시대의 감성을 가장 격렬하게 자극한 스타들이었기 때문이다.

이수만의 전략이 통하자 업계에서는 SM을 따라 기획 아이돌을 하나둘 내놓기 시작했다. 요즘의 '미투 상품'과 비슷한 개념이라고도 할 수 있다. H.O.T.가 '대박'을 터트리자 DSP 사장 이호연은 강성훈, 은지원의 듀엣 그룹에 급하게 멤버 4명을 추가해 젝스키스를 데뷔시켰으며 또한 'SM 아이돌에 +1' 전략으로 젝스키스, 핑클, 클릭비를 배출했다. 이처럼 이수만의 라이벌로 K팝 업계에서 막강한 영향력을 행사했던 이호연 사장은 2010년 뇌출혈로 쓰러져 오랜 투병 끝에 2018년 세상을 떠났다.

민주적이고 개성 강한 'K팝 팬덤의 아버지' 박진영

이수만이 K팝 팬덤을 만든 '시조격' 프로듀서라면 그 뒤를 잇는 인물로 박진영, 양현석, 방시혁 등을 들 수 있다. 이들은 이력도 성향도 매우 다른데 이 때문에 회사와 소속 아티스트들의 색깔 역시 확연한 차이를 보인다.

우선 박진영은 「날 떠나지 마」를 비롯하여 많은 히트곡을 보유한 가수다. 파격적인 댄스와 패션으로 주목을 받았지만 1990년대 이상적으로 여겨졌던 남성 솔로 가수의 외모는 아니었던 까닭에 톱스타 자리까지 오르지는 못 했다. 다만 퍼포먼스 기획력을 비롯하여 사업가로서의 감, 아티스트에 대한 인간적 접근 등으로 인해 엔터사 중에서 가장 민주적이라는 평가를 받았으며 어둠의 세계로 치부되던 엔터업계를 양지로 끌어낸 인물 중 하나이기도 하다.

가수 출신인 그 역시 이수만과 마찬가지로 퍼포머로서 그리고 가창자로서의 경험이 있기에 대중, 팬덤의 속성을 속속들이 잘 알고 있었다. 앞서도 언급했듯이 초기에는 자신이 가장 잘하는 부분을 내세우지 못함으로써 성적이 부진했지만 이후 원더걸스, 미쓰에이, 갓세븐, 트와이스, 잇지, 니쥬 등을 선보이며 그동안의 경험을 바탕으로 '팬덤'을 전략적으로 공략하였고 그것이 곧 성공으로 이어졌다.

원더걸스로 '삼촌 팬덤'을 만들었지만 미쓰에이는 그다지 성공하지 못했는데 이때까지도 대중의 심리를 적중시키지 못하고 갈팡질팡했다. 물론 아티스트들의 의견을 존중하는 박진영의 스타일 때문이었던 점도 있다고 본다. 그러다 트와이스라는 글로벌 톱 K팝 걸그룹을 시작으로 본격적으로 프로젝트 아이돌을 기획하기 시작했다. 결과는 대성공. 글로벌 시장을 위해서는 어떤 국적의 멤버가 추가돼야 하는지 고민하고, 일본 시장을 공략하려면 일본인 멤버를 투입해야 한다는 점을 고려했다. 또 일본에서 성공하려면 철저하게 일본 공식을 따를 것 등의 전략적 변화를 시도하면서 JYP만의 팬덤을 형성하게 됐다.

얼핏 보면 보편적인 수준의 전략일지도 모른다. 일본 공략을 용이하게 하기 위해서 일본인 멤버를 구성한다는 것은 당연한 얘기일 수 있다. 일본 가수들이 한국에 진출하는데 그중 한국인 혹은 재일교포가 끼어 있다면 당연히 한 번 더 눈길을 주는 게 인지상정이기 때문이다. 그럼에도 불구하고 이런 공식을 적용하는 판단과 누구를 발탁하느냐의 문제는 어려울 수 있다. 판단 착오로 인한 리스크는 멤버들 하나하나를 포함한 그룹 전체의 인기에 타격을 주기만 할 뿐 여기서도 저기서도 환영받지 못할 수 있기 때문이다. 그러나 트와이스 멤버를 결정할 당시 '더 완벽하기 위해서' 쯔위와 모모를 추가시켰는

데 초기 논란은 데뷔와 동시 불식됐고, 한국은 물론 중화권과 일본에서도 사랑받는 걸그룹이 되었다. 이는 가장 영리했던 전략으로 꼽히기도 한다.

박진영의 JYP는 또 다른 매니지먼트사에 비해 '민주적이다'라는 평가를 받는다. 물론 다른 회사들이 비민주적이라는 의미는 아니다. 다만 아티스트의 재량에 맡기는 경우가 보다 많고, 10대부터 연습생을 시작한 탓에 다소 부족할 수 있는 부분을 적극적으로 챙기는 것으로 유명하다.

어린 시절부터 치열한 경쟁을 뚫고 스타가 된 아이돌은 상상할 수 없는 인기를 정신적으로 감당하지 못하는 경우가 많다. 물론 그 반대도 마찬가지다. 최고의 자리에 올랐다면 언젠가 내려올 일밖에 없는 게 이치지만 어린 스타들이 이와 같은 상황을 받아들이기란 쉽지 않다. 이 때문에 극단적인 선택을 하기도 하는가 하면 10대 스타들이 정신 건강을 챙기기 위해 상담을 진행하기도 했다.

또 아이돌에게는 7년 차 징크스라는 게 있다. 계약 기간이 다가오는 시점인 7년을 넘기지 못하고 해체하거나 일부 멤버가 탈퇴하는 현상을 가리키는데, 아티스트의 영향력이 커지고 멤버 개인의 진로가 변경되는 등 여러 변화로 인해 이러한 현상이 벌어진다. 그리고 이때마다 소속사와 법정 분쟁을 벌이는 경우가 많다. 하지만 JYP의 경우는 이런 일이 거의 없다. 아티스트의 결정을 존중하는 분위기 때문이다.

한데 미쓰에이 수지의 경우는 어떤 조건도 없이 스스로 JYP와 재계약을 하여 업계를 놀라게 하기도 했다. 이 당시 박진영은 수지가 그런 결정을 할 것이라고 예상하지 못했다고 한다. 물론 이후 수지는 배우 전문 매니지먼트 숲으로 소속사를 옮겼다. 배우로 전향을 한 그의 선택이 반영된 행보였다.

또한 최근 스타들의 학폭 이슈가 불거졌을 때 JYP는 다른 소속사들과 다른 행보를 보여 눈길을 끌었다. 스트레이키즈 현진의 학창 시절 학폭이 폭로됐는데 다른 기획사의 경우 비슷한 사건이 터지면 일단 부정부터 하고 보지만, JYP는 피해자와의 소통을 시도했다. 사실관계를 명백하게 입증하는 데 어려움이 있었지만 이후 JYP는 학교의 동급생, 선생님 및 주변인들을 직접 만나 당시 상황을 청취하고 사과를 건냈다는 공식 입장을 내놓았다. 내용은 다음과 같다.

"다양한 분들로부터 청취한 내용과 취합한 정보를 종합해 본 결과, 당시 상황에 대한 기억이 첨예하게 달라 게시글에 나와 있는 모든 내용의 사실관계를 명백하게 입증하는 데에는 어려움이 있었습니다. 과거 현진의 미성숙하고 부적절한 언행으로 상처 입고 피해를 받으신 분들이 계시고, 현진이 깊게 후회하고 반성했기에 게시자 분들을 직접 만나 진정으로 사과했습니다. 혹여 연락이 닿지 못했지만 현진의 과거 언행으로 인해 상처를 받으신 적이 있으셨던 분들께도 이 자리를 빌려 사과의 말씀 전해드립니다."

또 박진영은 간간이 앨범을 발표하기도 하면서 이수만, 양현석과는 다른 행보를 보였다. 특히 원더걸스 멤버 선미와 컬래버레이션 무대를 펼치기도 하는 등 가수로서의 정체성을 끊임없이 드러내기도 했다.

카리스마적 리더십의 'K팝 팬덤의 아버지' 양현석

양현석은 1990년대 '문화 대통령'이라고 불리던 서태지와 아이들 출신으로 당시 톱스타였다. 갑작스럽게 서태지가 은퇴 선언을 하면서 서태지와 아이들도 해체가 된 이후 그는 1996년 현기획이라는 사명으로 창업을 했다. 이어 1997년 MF 기획으로 사명을 다시 변경했고, 1998년에는 서태지와 아이들 시절의 별명인 '양군'을 따서 양군기획으로 변경했다. 그리고 마침내 1999년 YG 엔터테인먼트로 변경하여 현재까지 사용하고 있다.

양현석은 국내 유력 엔터사 중에서 가장 카리마적 리더십을 발휘하는 프로듀서라는 평가를 받는다. 가수의 활동 전반을 두루 진두지휘하기로 유명하다. 빅뱅의 경우 공백기가 지나치게 길어 양현석이 비판을 받기도 했는데, 양현석의 판단에 따라 공백 기간을 늘린 것으로 팬들은 생각하고 있었다. 대표적인 예가 빅뱅의 메가 히트곡 「붉은 노을」 발매 이후 행보다. 이 앨범 이후 빅뱅은 수년 동안이나 국내 활동에서 공백기를 가졌다. 이외 위너와 아이콘 등에서도 비슷한 사례가 나와 팬덤 사이에서는 이를 두고 양현석에 대한 비판의 목소리가 높다.

실제로 양현석은 음원 차트를 휩쓸 만큼 좋은 곡이 나오지 않으면 내보내지 않는다는 신념이 확고한 것으로 알려졌다. 이 때문에 독특하게도 YG 소속 가수들의 팬덤 사이에서 양현석의 인기는 다소 떨어진다. 그럼에도 불구하고 테디, 빅뱅, 싸이, 투애니원, 블랙핑크, 위너, 아이콘 등 K팝을 대표하는 가수들을 발탁한 양현석의 안목에 대해서는 이견이 없다.

BTS라는 장르를 낳고,
BTS와 K팝을 플랫폼으로 만든
'혁신가' 방시혁

SM 대표 이수만 프로듀서가 아이돌, K팝 육성 시스템, 팬덤을 만든 아버지라고 한다면 방시혁은 BTS를 하나의 장르로 만들고, BTS와 K팝을 플랫폼으로 만들었다고 할 수 있다. 이수만에서 싹이 튼 K팝이 방시혁에서 만개한 것이다.

그렇다면 방시혁은 어떻게 '21세기의 비틀스' BTS를 만들고 BTS와 K팝을 '플랫폼'으로 만들었을까. 그는 JYP의 공동 창업자이자 오디션 프로그램의 '독설가'로 유명하다. JYP에서 나온 후 직접 프로듀싱한 가수들은 그다지 성공을 하지 못했다. 2013년 데뷔한 BTS 역시 당시에는 커다란 주목을 받지 못했다. 방시혁은 유명 프로듀서였지만 빅히트 엔터테인먼트는 '빅3' 매니지먼트사가 아니었던 까닭에 방송의 메인 프로그램 출연에 한계가 있었다. 소위 말해 잘나가는 매니저가 가수를 주요 프로그램에 '꽂아줄' 힘이 없었던 것이다.

당시까지만 해도 음악 방송은 물론이고 다양한 연령대가 시청하는 예능 프로그램, 연령대가 타기팅된 인기 예능에 아이돌을 꽂을 수 있느냐 없느냐가 매니저 능력의 척도였다. 이런 매니저가 빅히트 엔터테인먼트에는 없었다. 중소기획사 모두가 겪는 일이기는 하다. 그런데 방시혁 프로듀서는 낙타가 바늘구멍을 통과할 정도의 이 희박한 확률로 방송을 뚫는 대신 다른 방법을 택했다. 바로 BTS가 최고의 K팝 가수로 성장할 수 있는 원동력이 됐던 SNS 등 새로운 채널로 눈을 돌린 것이다.

당시까지만 해도 대형기획사는 온라인 채널에 대하여 소위 말해 '급'이 떨어진다는 판단을 한 것으로 보인다. 빅히트는 그 '급'이 되는 방송사 진출에 상대적으로 어려움을 겪었고, 방시혁 역시 '사바사바'를 잘하고 처세에 능한 리더는 아니었다. 오히려 개성이 강하고 마니아적인 성향이 강한 아티스트에 가까운 프로듀서였다. 오디션 프로그램에 심사위원으로 출연한 그는 독설가로도 유명했는데, '독설'이 너무 심해서 그렇지 안목이 없거나 비합리적인 멘트를 하는 심사위원은 아니라는 평가를 받았다. 할 말은 하는 스타일이고 개성이 강하다 보니 권력에 유연하게 대처하는 스타일은 아니었던 것이다.

방시혁은 1972년 8월생으로 박진영과는 동갑, 1969년생인 양현석보다는 세 살 아래다. 이 두 사람보다 10년은 늦게 프로듀서로 성공했지만, 결과는 대기만성을 넘어 '넘사벽'의 프로듀서가 됐다. 아니, 이제 프로듀서는 그를 설명할 수 없는 직함이 됐다.

유니버설과의 협업, 이타카 홀딩스 인수 등의 최근 광폭 행보를 보면 음악 프로듀서, 가수 매니지먼트 대표보다는 애플의 고故 스티브 잡스와 같은 '혁신가'에 가깝다. BTS를 선보이며 그들을 방송 프로그램이 아닌 네이버 브이라이브, SNS를 통해 팬들과 소통하게 하고, 빅히트 엔터테인먼트의 상장을 앞둔 상태에서 플랫폼 기업으로 도약할 것이라는 비전을 제시했을 때만 해도 '엉뚱하다'는 반응이 많았다. SNS가 아무리 중요해도 그렇지, 어떻게 방송을 포기하는 '무모한 도전'을 하느냐는 우려도 컸다. 회사가 계속해서 성장하려면 '포스트 BTS'가 있어야 하는데 'TXT(투모로우바이투게더)'의 팬덤 형성이 더딘 점이 빅히트 성장에 대한 부정적인 전망의 원인이 됐다.

최근 들어 플랫폼 기업에 대한 관심이 높아지면서 그 역시 '플랫폼 기업'이라는 브랜딩 전략에 편승하려는 것 아니냐는 시각도 있었다. 그러나 그의 청사진은 '사업가의 허언'이 아닌 '원대한 비전'이었던 것으로 드러나고 있다. 방시혁 대표는 2021년 3월 30일 주주총회를 통해 사명을 빅히트 엔터테인먼트에서 '하이브'로 변경했다. 그는 사명 변경의 이유에 대해 이렇게 설명했다.

"그동안 음악, 아티스트, 엔터테인먼트에 대한 이해를 바탕으로 더 많은 영역에서 경계 없이 음악의 변주를 시도해왔다. 다만 저희가 하는 일을 설명하기에 빅히트 엔터테인먼트라는 이름으로는 한계가 있다고 생각했다. 그래서 모든 사업을 아우르고 연결하기 위해 새로운 사명이 필요하다고 생각했다. 빅히트를 담을 보다 큰 그릇이 생겼다고 생각하시면 된다. 빅히트 뮤직이라는 하나의 레이블로 지금의 정체성을 이어갈 것이다."

그가 앞서 이야기했던 '플랫폼 기업'으로서의 빅히트, 아니 '하이브'를 천명한 것이라고 볼 수 있다. 방시혁 대표는 브이라이브 인수, YG 플러스 2대 주주 투자, 유니버설 뮤직과 두 개의 합작법인 설립을 비롯해 이타카 홀딩스 인수 등으로 플랫폼 기업으로서의 윤곽을 만들고 있었던 것이다.

그렇다면 어떻게 플랫폼 기업인가라는 의문이 제기될 수 있다. K팝의 대표 주자이자 BTS라는 장르를 보유한 하이브는 이제 K팝 등 K콘텐츠를 비롯해 이타카 홀딩스 인수로 인해 글로벌 콘텐츠까지 유통하는 '플랫폼 기업'으로 도약할 수 있을 것으로 보인다. BTS의 말과 행동이 곧 영향력을 발휘하고 그들이 머무는 채널은 대중문화의 모든 것이 유통되는 플랫폼이 될 가능성이 높기 때문이다.

'BTS, 하이브가 플랫폼'이라는 방시혁의 비전은 아마도 이러한 모습일 것이다. 강한 자아, 고집, 개성, 철학 등 굽힐 수 없는 요소가 많았던 '혁신가' 방시혁은 시류를 타면서 성공한 케이스가 아닌 그의 시대, BTS의 시대가 오자 잠재력이 폭발한 케이스라는 평가다. 그가 만약 1980년대 혹은 1990년대 빅히트를 세우고 피디로 나섰다면 지금의 방시혁은 없을지도 모른다.

그런데 그의 이력을 살펴보면 좀 독특하다. 토이 등 음악성 있는 뮤지션들의 등용문이었던 유재하 음악경연대회 수상자 출신으로 작곡을 주로 했다. 1997년 박진영에게 발탁돼 JYP에 입사하면서 프로듀서의 길로 접어든다. 박진영은 작곡가 김형석에게 프로듀싱의 A부터 Z까지를 다 배웠다고 밝힌 바 있다. 그런데 방시혁은 박진영에게 프로듀싱의 모든 것을 배웠다고 수상 소감으로 말한 적이 있다. 김형석에서 박진영으로 박진영에서 방시혁으로 K팝의 프로듀서는 진화한 것으로 볼 수 있다. 1990년대 발라드형 프로듀서 김형석, 댄스 가수 출신 박진영이 댄스와 발라드를 접목하고, 이후 방시혁은 BTS라는 새로운 장르를 프로듀싱하는 진화 말이다.

특히 방시혁은 주류 음악, 즉 트렌디한 음악이 아닌 매니아 취향에 가까운 신선한 곡들을 작곡했다. BTS 음악 역시 레트로풍의 팝에 가깝다. 특히 「작은 것들을 위한 시」, 「아이돌」, 「DNA」, 「베스트 오브 미」 등은 1980년대 댄스 팝에 K팝이 접목된 독특한 장르로서 매력이 넘친다. 실제로 그의 음악은 K팝과는 다른 북미, 유럽 지역의 느낌을 담아 평론가들로부터 극찬을 받았지만 BTS 이전에는 잘 받아들여지지 않았다.

그는 2001년에서 2005년 1월까지 박진영과 JYP의 공동 창업자로 활동하다가 2005년 2월 빅히트 엔터테인먼트를 설립했다. 여담이지만 2003년에는 박진영과 함께 미국 진출을 꿈꾸며 미국에 갔다가 일 년이 지날 때까지 한 곡도 팔지 못한 것으로 알려졌다. 두 사람은 돈도 없고 회사 자금을 사용할 형편도 아니었던 까닭에 결국 빈손으로 돌아오고 말았다. 당시의 실패 경험은 방시혁이 빅히트를 설립한 계기가 됐을지도 모른다. 그리고 2021년 이타카 홀딩스를 인수하는 등의 큰 그림은 이때부터 그려지지 않았을까.

그렇다면 방시혁은 어떻게 'BTS라는 장르의 아버지'가 되었는가. 실제로 기자들이 그에게 "BTS의 아버지"라고 말하자 "저는 결혼을 한 적이 없어서 아버지가 된 적이 없다"라는 재치 있는 대답을 들려주기도 했다. 농담처럼 말했지만 그의 말에는 피디로서의 철학이 담겨 있었다. 아티스트는 키우는 게 아니라 스스로 태어나고 성장하고 발전한다는 것. 자신이 이끄는 대로 이끌리는 게 아니란 얘기다. 이는 그동안 K팝 육성 시스템과는 완전히 다른 개념의 프로듀싱 방법이라고 할 수 있었다. 엔터사의 기획력과 마케팅력이 더해져 매력적인 아이돌로 탄생하는 기존의 공식을 완전히 깬 것이다.

그의 이런 시스템이 BTS에 그대로 적용됐다. BTS는 스스로 곡을 만들고 작사를 하고 연주를 한다. 놀면서 또 즐기면서 느끼는 대로 음악을 하는데 이러한 모습을 SNS를 통해 글로벌 팬들과 공유하며 소통했다. 그러면서 팬덤은 걷잡을 수 없이 불어났다.

2016년 5월 필자는 유럽에 가서 한글을 배우는 영국, 독일, 프랑스 대학생들을 취재한 적이 있다. 사실 이때 처음으로 BTS를 알게 됐다. 엑소가 당시 최고 인기를 누리고 있었기에 K팝 톱은 엑소라고 알고 있다가 유럽에서 커다란 충격을 받았다. 유럽의 1020에게는 당시 BTS가 K팝을 대표하는 아이돌이었기 때문이다. 그들이 BTS를 알게 된 것은 우연한 기회에 SNS를 통해서다. BTS는 트위터를 통해 음악과 일상을 공개하며 글로벌 팬들과 소통한 것이다. K팝을 좋아하는 유럽 1020세대가 우연히 발견한 보물이 바로 BTS였다.

지상파 등 주류 언론을 뚫는 데 한계가 있어 우회로로 생각한 SNS가 글로벌 팬덤 '아미'를 만들어내는 데 가장 중요한 역할을 했다. 이는 우연일 수도 필연일 수도 있다. SNS 시대라는 것을 간파했을 수도 있지만, 방송가를 쉽게 뚫을 수 있었더라면 방시혁의 SNS 전략은 아마도 뒤늦게 터졌을지 모른다. 그렇게 됐더라면 아미의 탄생 또한 좀 더 늦춰졌을 것이다.

H.O.T., 원더걸스, 슈퍼주니어, 동방신기, 빅뱅, 엑소 등으로 이어지는 글로벌 팬덤을 확보한 K팝 가수의 음악으로 인해 K팝은 친근한 장르로 인식됐다. 그러나 이들은 어디까지나 한국이라는 머나먼 나라의 스타일 뿐 가까이 만나서 대화할 수 있는 상대는 아니었다. 그런데 SNS를 통해 친구처럼 소통하는 K팝 아이돌이 글로벌 팬들에게 다가간 것이다. 글로벌 '아미'가 탄생하고 BTS라는 '장르'가 탄생한 것은 이처럼 우연과 필연이 차곡차곡 쌓였다가 만개한 결과라고 볼 수 있다.

플랫폼 기업으로 변신한
'하이브'는 어떤 회사인가

  "미국 법인을 통해 해외 레이블을 인수함으로써 글로벌 시장으로의 진출을 가속화하고자 함." 2021년 4월 2일 하이브(구 빅히트)가 '이타카 홀딩스'를 인수한다는 '깜짝 공시'를 내면서 방시혁은 이렇게 말했다.

  "어느 누구도 상상하지 못한 새로운 도전으로, 두 기업은 그동안 축적한 성과와 노하우 그리고 전문성을 바탕으로 국경과 문화의 경계를 넘어 긴밀한 협업으로 고도의 시너지를 창출할 것이다."

  앞선 3월 30일 빅히트는 사명을 하이브로 변경한다고 밝혔다. 갑작스러운 사명 변경에 업계에서도 과연 빅히트가 또 무슨 일을 벌일 것인지에 대해 관심이 집중됐었다. 그동안 빅히트의 행보와 방시혁의 발언에 의거한다면 하이브로의 사명 변경과 이타카 홀딩스 인수합병은 지금까지 그가 그려왔던 '플랫폼 기업'에 대한 막바지 작업으로 볼 수 있었다.

하이브는 지난 2020년 10월 코스피 상장을 했으며, 자회사 위버스컴퍼니는 네이버의 브이라이브 사업부를 양수했고, 위버스컴퍼니와 함께 YG 엔터테인먼트 자회사 YG 플러스에 총 700억 원을 투자하기도 했다. 그리고 지난달 개최한 기업 브랜드 발표회에서도 '음악에 기반한 세계 최고의 엔터테인먼트 라이프 스타일 플랫폼 기업'이라는 비전 아래 다양한 영역으로 사업을 확장할 것이라고 밝힌 바 있다.

'플랫폼 기업'으로 도약하기까지 하이브는 빅히트 시절부터 어떤 기업이었을까. 빅히트 엔터테인먼트는 2004년 2월 4일 서초구 잠원동 8-11, 청하빌딩 2층에서 '더 빅히트 엔터테인먼트'라는 사명으로 설립됐다. 그러다 같은 해 2월 24일 '더'를 빼고 빅히트 엔터테인먼트로 사명을 바꾼다. 2005년 2월 17일에는 강남구 삼성동 147-2, 3층 307호로 사옥을 옮기고, 2006년 6월 16일에 다시 강남구 논현동 9-14, 우진빌딩 4층으로 옮긴다. 2007년 10월 18일 또다시 강남구 논현동 10-31, 청구빌딩 2층으로 이사를 하고 2011년 10월 31일 강남구 도산대로 16길 13-20, 2층(논현동, 청구빌딩)으로 또 사옥을 옮긴다. 그리고 2020년 8월 14일에 다시 강남구 테헤란로 108길 42, 2층(대치동, 엠디엠타워)으로 이사한다. 회사 설립 이후 다섯 번을 이사할 정도로 빅히트는 초기에 안정적으로 운영되지 않았던 것으로 보인다.

그러다 2013년 BTS가 데뷔하고 2015년부터 글로벌 팬덤을 형성하면서부터 사세는 급격하게 확장된다. 플레디스, 쏘스뮤직, 케이오지 엔터테인먼트 등 매니지먼트사를 비롯해 게임 소프트웨어 개발사인 슈퍼브, 전자상거래 업체 위버스컴퍼니 등의 지분을 인수하여 2020년 12월 말 기준으로 계열사가 17개에 달했다. 최근 이타카 홀딩스의 지분을 인수했으니 이제 18개의 계열사를 거느리고 있는 셈이다.

또 시가총액이 10조 원을 넘나들지만 여전히 중소기업에 해당하는 점도 눈길을 끈다. 빅히트가 2021년 3월 제출한 사업보고서에 따르면 빅히트는 2017 사업연도에 '중소기업기본법' 제2조 제1항 제1호의 중소기업 외형요건 기준을 초과하였으나, 동법 제2조 제3항의 유예조항에 따라 2021년 3월 31일까지 중소기업에 해당한다.

그렇다면 하이브의 최대주주 지분 비율은 어떻게 될까. 공시에 따르면 방시혁의 지분은 34.7%(12,377,337주)이며, '렌털 1위 기업' 코웨이를 인수한 게임회사 넷마블은 19.9%(7,087,569주), 스틱스페셜시츄에이션사모투자합자회사는 8.0%(2,866,703주), 우리사주조합은 3.5%(1,259,966주)를 각각 보유했다. 특히

2020년 10월 15일 코스피 상장 직후 주식 재산만 3조7,000억 원에 달해 정몽구 현대차그룹 명예회장에 이어 6위에 오르기도 했다.

빅히트의 실적도 살펴보자. 빅히트의 2020년 매출액은 7,960억 원, 영업이익은 1,460억 원, 순이익은 870억 원이다. 삼성증권이 전망하는 2021년 실적은 매출액 1조3,870억 원, 영업이익 2,760억 원, 순이익 2,850억 원이다. 특히 2023년에는 매출액이 2조 원을 넘어선 2조1,210억 원으로 전망했으며 영업이익은 4,730억 원, 순이익은 3,520억 원으로 예상했다. 삼성증권은 하이브의 이타카 인수 발표 직후 목표 주가를 32만 원으로 제시했다. 당시 주가는 27만 원 선이었다. 그러나 50만 원 이상을 제시한 증권사도 있을 정도로 하이브라는 기업에 대한 밸류에이션 평가는 고공행진을 기록했다. 목표 주가를 상향한 이유로 삼성증권은 지난해 코스피 상장 전후 플레디스, KOZ 엔터 등 국내 레이블 인수를 비롯하여 네이버와 지분 스와프 동맹, YG 엔터와의 협업 구도 구축 등으로 위버스 플랫폼 경쟁력 제고, 유니버설뮤직그룹과의 전략적 파트너십 체결뿐만 아니라 성장성이 높고 사업 관련성·확장성이 큰 제페토, 수퍼톤 등의 기업에 대한 투자 등 공격적으로 영역을 확장하고 있는 점을 꼽았다. 그리고 무엇보다 최근의 이타카 홀딩스 인수 건이 크게 작용했다.

특히 주목한 부분은 플랫폼 기업으로의 변신인 것으로 보인다. 두 회사가 전문성을 기반으로 글로벌 시장에서 경쟁력은 한층 강화되고, 추후 소속 아티스트의 위버스 입점도 기대해볼 수 있다는 것. 하이브는 레이블, 솔루션, 플랫폼을 성장의 세 축으로 운영할 예정인데, 멀티 레이블 체제를 강화하고 위버스에 외부 아티스트 입점이 가속화됨에 따라 플랫폼 영향력 및 수익화도 빠르게 확대될 전망이다.

'K팝의 조상'
1세대 아이돌 H.O.T.부터
엑소까지

1세대 아이돌 K팝의 원조 'H.O.T.'

문희준, 장우혁, 토니 안, 강타, 이재원. 다섯 명의 멤버로
구성된 'H.O.T.(High-five Of Teenagers)'는 이제는 K팝 아이
돌의 조상이라고 불린다. 서태지와 아이들이 스타에 대한 동
경에 그치던 팬심을 정치, 사회, 경제, 문화적으로 영향력을
행사하는 팬덤으로 진화시켰다면 H.O.T.와 그 팬들은 팬덤
을 산업으로 탈바꿈시킨 주인공이다.

H.O.T.가 데뷔하면서 가요계 판도는 완전히 달라졌고 엔
터테인먼트업계에서는 팬덤을 산업으로 인식하기 시작했
다. 이전까지만 해도 음반 판매, 공연 티켓, 광고 출연 정도

가 가수가 만들어낼 수 있는 경제적 가치의 전부였다. 그러나 H.O.T. 때부터는 그들이 입는 옷, 신발은 모두 없어서 못 파는 아이템이 됐고, H.O.T.를 활용한 굿즈 역시 상품이 됐다. 이전까지만 해도 가수의 대형 사진을 의미하는 브로마이드 정도가 굿즈였다면 아이돌 팬덤 시대부터는 다양한 굿즈가 생산되고 판매된다. 유통 채널은 '찐팬'들만 온다는 공연장이었지만 이후 전자 상거래가 활발해지면서 굿즈 판매 역시 폭발적으로 성장한다.

H.O.T. 앨범 1집만 해도 벌써 100만 장으로 시작해서 2집 150만 장, 3집 110만 장, 4집 138만 장, 5집 88만 장이라는 대기록을 세웠다. 음반뿐만 아니라 '돌에 H.O.T.만 새겨도 팔린다'라는 말이 나올 정도로 굿즈들이 날개 돋친 듯 팔려나갔고 1집 「캔디」 무대에서 착용했던 장갑, 가방, 모자, 먼지인형집게 등을 착용한 학생들을 길거리에서 쉽게 볼 수 있었다. 그외에도 H.O.T. 사진이 들어간 노트, 지우개 등 학용품은 물론 편지지, 저금통 같은 것까지 온갖 상품들이 나오고 또 불티나게 팔려나갔다.

이들은 1999년 자서전도 출간했는데 출간 열흘 만에 20만 권이 팔려 역사상 최단 기록으로 베스트셀러 1위를 달성하며 화제가 되기도 했다. 한불 화장품과 손을 잡고 H.O.T. 향수도 선보였는데 이 역시 대성공이었다. 출시 이틀 만에 10만 개가 팔려나가 소위 말해 '대박'을 쳤다. H. O. T. 캐릭터를 그려 넣은 '틱톡에쵸티'라는 음료수는 출시 5개월 만에 4,500만 캔이 팔려 당시 음료업계 1위였던 코카콜라의 판매량을 앞질렀다. '팬덤 장사'라는 부정적인 시각도 존재했지만 달리 말하면 팬덤이 얼마나 커다란 산업으로 발전할 수 있는지를 보여준 첫 사례라는 평가가 지배적이다.

H. O. T.는 1996년 9월 7일 〈토요일 토요일은 즐거워〉에 출연하면서 데뷔했다. 1집 앨범명은 'We Hate All Kinds Of Violence'로 타이틀곡인 「전사의 후예」는 학원 폭력이 주제다. 1996년 10월 중순경부터 KBS 가요 순위 프로그램에서 10위권, MBC에서는 4위에 안착했으며 1996년 11월 17일 SBS 〈TV 가요 20〉에서는 3위까지 올라섰다. 이어 후속곡인 「캔디」가 '대박'이 나면서 최정상에 오른다. 이후 「행복」, 「We are the Future」, 「열맞춰」, 「빛」, 「아이야」 등을 연달아 히트시키며 아이돌이라는 새로운 개념의 K팝 가수 시대를 열었다.

H. O. T.는 아이돌 그룹 최초로 연간 최다 음반 판매량을 달성했고 방송 3사 가요대상 그랜드 슬램 달성, 자작곡으로 대상 수상, 국내 가수 최초로 잠실 주경기장 공연 매진, 역대 최대 팬클럽 등 수많은 기록을 만들었다. H. O. T.로 인해 생겨난 팬덤 문화 또한 다양하다. 팬클럽, 빠순이, 팬클럽의 상징

인 풍선, 응원봉, 멤버 고유 번호 및 컬러, 팬픽 등 수많은 팬덤 문화가 바로 H.O.T.부터 시작됐다.

우선 당시까지만 해도 하이틴 가수들이 흔치 않았던 가운데 H.O.T.가 10대 여학생들 사이에서 인기가 많아지면서 '빠순이'라는 신조어가 생겨났다. H.O.T.를 오빠라고 부르는 팬들을 의미한다. 처음에는 연예인 좋아하는 10대 소녀들을 비하하는 부정적인 의미로 사용됐지만 팬덤이 10대들의 문화로 받아들여지면서 그 부정적 이미지도 옅어졌다.

H.O.T.의 공식 팬클럽은 '클럽 H.O.T.'로, 이들이 생산한 문화는 또 있다. 바로 풍선 색깔로 팬클럽의 정체성을 드러낸 것이다. H.O.T.의 상징색은 흰색이었고, 이후 신화는 주황색, S.E.S.는 펄보라색, 지오디는 하늘색 등이 등장했다. 풍선뿐만 아니라 현수막, 플래카드, 응원봉 등을 조직적으로 사용한 것도 '클럽 H.O.T'가 최초라고 알려졌다. 심지어 응원봉을 만들기 위해 팬들이 직접 일본에서 흰색 LED를 공수했다는 말까지 전해진다.

'팬픽(fan+fiction)' 역시 H.O.T.의 팬덤이 최초다. 나우누리, 천리안, 하이텔 등의 PC통신 팬 동호회에서 H.O.T.의 팬들이 처음으로 멤버들이 등장하는 소설을 쓰면서 '팬픽'이라는 신조어가 생겼다. 초기에는 이성애를 소재로 했지만, 점차 동성애를 소재로 한 팬픽이 대다수가 되었고 대표적인 커플

로는 톤혁(토니 안과 장우혁), 준타(문희준과 강타) 등이 있었다. 실제로 H.O.T.의 팬들은 어린 시절 정말 토니 안과 장우혁이 결혼할 것이라고 생각한 적이 있다고 했을 정도로 팬들은 팬픽에 빠져들었다. 지금 들으면 이해가 가지 않지만 10대 소녀 감성으로는 충분히 가능한 상상이라는 생각이다.

H.O.T.의 팬덤을 단적으로 보여준 사례는 바로 국내 가수 최초 잠실 올림픽주경기장 단독 콘서트였다. 당시 문희준이 추락사고로 부상을 당해 팬들이 실신한 것으로도 유명한 1999년 '918 콘서트'가 바로 그것. 무려 4만5,000명의 관객이 몰렸다. 2001년에도 같은 장소에서 콘서트를 개최했는데, 2월 23일 ~27일 5일간 올림픽체조경기장에서 열릴 예정이었으나, 폭설로 체조경기장 지붕이 무너져 주경기장에서 하루 진행하는 것으로 대체됐다. 국내 공연 사상 최단기간 최다판매 기록으로 티켓 약 7만 장이 판매, 10분 24초 만에 매진되었다. 인터넷 예매가 아닌, 은행에서 줄을 서서 표를 구하던 시절에 말이다. 지금은 상상하기도 힘든 광경이지만.

이뿐만 아니라 멤버들의 생일에는 장충체육관 등에서 생일 파티를 겸한 팬미팅이 진행됐다. 사실 팬미팅, 팬사인회, 콘서트, 생일 파티를 모두 겸한 팬과의 만남이었다고 할 수 있다. 현재는 당연한 행사로 여겨지고 있지만 1990년대 말만 해도 아이돌 생일 파티는 '빠순이짓'으로 치부되기도 했다. '선물이 과하다'며 사회 문제로 지적받기도 했는데 냉장고, 텔레비전 등등 가전제품을 비롯해 반려동물까지 생일 선물로 무대에 올랐다. H.O.T.의 이재원은 팬으로부터 받은 반려동물 말티즈에게 재롱이란 이름을 지어주고 애지중지 키웠다. 하지만 그가 군복무 중에 재롱이는 세상을 떠났다. "제대하고 집에 왔는데 재롱이가 없어서 어디 갔냐고 했더니 세상을 떠났고, 슬퍼할까봐 알리지 않았다는 말을 가족에게 들었다"며 그는 눈시울을 붉히기도 했다.

H.O.T.의 팬덤이 죽지 않았다는 것, 그리고 팬덤은 영원하다는 것을 보여준 사례가 또 있다. 17년 만에 단독으로 개최한 2018년 콘서트가 그것이다. 약 8만 석이 바로 매진됐다. 표를 구하지 못한 팬들을 위해 시야제한석까지 약 2만 석이 추가됐고 이 또한 매진을 기록했다. 콘서트 제목 등을 둘러싼 상표권 잡음이 있었음에도 콘서트는 대성공이었다. 아이돌 전문 웹진 《아이돌로지》 편집장 미묘 대중음악평론가는 당시 콘서트를 관람한 후 "1세대 아이돌 팬덤은 아이돌 팬클럽의 거의 모든 행동 양식을 수립한 사람들"이라면서 "사회적으로 아이돌 팬을 안 좋게 보는 시선 앞에서 나름 욕을 듣지 않으면서도 조직적으로 움직이려고 적극적으로 노력했다"고 평가하기도 했다.

사실 H.O.T.의 콘서트 소식이 거론될 때까지만 해도 멤버들은 고민이 많았다는 후문이다. 실제로 콘서트를 할 수 있을지부터 시작해 콘서트를 한다면 과연 팬들이 올지 걱정됐다는 것. 멤버 이재원은 "사실 우리끼리 그런 이야기를 했다"며 "티켓이 안 팔려도 그냥 너무 창피해하지 말자고 큰마음을 먹었다"고 전했다. 그는 이어 "그런데 티켓 판매가 시작되고 바로 매진됐다는 소식을 들었을 때 믿어지지 않았다"고도 했다. '클럽 H.O.T.'만 해도 몇 명인데 그런 걱정을 했냐고 물으니 "팬들도 이제 나이가 들고 가정도 있으니 콘서트에 가고 싶은 마음은 있어도 실제로 실행할 수 없을 것이라고 생각했다"며 "콘서트장에서 '엄마 좀 있다 갈게' 하면 저희 팬이고, '엄마 왜?'라고 하면 BTS 팬이라고들 하더라"며 당시 상황을 전하기도 했다.

H.O.T.는 중화권까지 사로잡으면서 K팝 한류 시대를 연 첫 주자이기도 했다. 2000년 베이징에서 처음으로 콘서트를 열면서 이들은 중국뿐만 아니라 중화권 전역에서 신드롬을 일으켰다. 공연 당시 베이징의 최대 석간신문인 《북경만보》는 "베이징의 멋쟁이 청소년들이 올해 춘절에 받고 싶은 최고의 선물은 H.O.T의 베이징 콘서트 입장권"이라고 보도하기도 했을 정도다. 당시 1만2,000명을 수용할 수 있는 노동자체육관에서 열린 콘서트 입장권은 80~1,000위안(1만2,000~15만 원)의 엄청난 가격에도 불구하고 예매 단계에서 90%가 팔리

는 등 매진 사태를 기록했다. 암표의 가격은 그 몇 배가 되기도 했다. 이뿐만 아니라 베이징에 'H.O.T. 음악 카페'를 비롯해 팬클럽이 생겨나는 등 중국에서도 팬덤 문화의 시작을 알렸다.

팬덤의 산업화 시대를 연 H.O.T.에 대한 당시 평가는 어땠을까. 물론 처음에는 부정적인 평가도 있었다. 아이돌은 기획사의 철저한 전략으로 만들어진 상품이라는 인식 때문이다. 당시까지만 해도 상업성이라는 것에 대해서 결벽성이 있을 만큼 우리 사회는 부정적인 인식이 강했다. 1990년대 후반에서 2000년대 초반은 이미 자본주의라는 개념을 따로 생각하지도 않을 만큼 철저하게 자본주의 사회를 넘어 금융 자본주의로 진입했음에도 말이다. 경제적 개념으로서의 자본주의와 문화적 인식으로서의 자본주의에 대한 간극이 존재했던 시기라고 할 수 있다.

이러한 인식을 긍정적으로 본다면 아이돌, 그들도 가수로서 그리고 아티스트로서 역량과 자기만의 색깔이 있을 텐데 기획사가 상품성에만 집중한다는 점을 비판한 것이다. 또 한창 공부해야 할 나이인 10대가 가수 활동을 한다는 것 역시 비판의 대상이 됐다.

2세대 아이돌의 시작 '동방신기' 팬덤이 이끌어낸 표준계약서

H.O.T.를 비롯해 신화, 젝스키스, 클릭비, 지오디 등 '아이돌 1세대'를 지나 2000년대 초는 동방신기를 시작으로 '2세대 아이돌'이 등장했다. 이미 H.O.T. 등 1세대 아이돌로 인해 팬덤 문화와 산업이 만들어진 상태에서 2세대 아이돌은 팬덤 문화를 세계로 더욱 확산하는 역할을 했다.

2세대 아이돌의 첫 주자로는 2003년 '동방신기'가 꼽힌다. 현재는 멤버가 유노윤호, 최강창민, 이렇게 두 명뿐이지만 데뷔 당시에는 5인조였다. 2010년 3월 24일까지 6년 3개월 동안 5인 체제로 활동하였고, 2010년 8월부터 2인조로 활동하기 시작했다. 시아준수, 미키유천, 영웅재중이 이른바 '노예계약'을 이유로 SM과 소송을 제기하며 탈퇴했기 때문이다.

동방신기는 '동방에서 신이 일어난다'라는 의미로, 아시아 음악 시장을 재패한다는 목표를 팀명에 담았다고 알려졌다. 특히 활동명을 4자로 맞춘 것은 중국 시장을 노린 전략이다. SM이 일본에서 보아를 성공적으로 데뷔시킨 이후 중화권 시장은 남자 아이돌로 공략한다는 포석이 깔려 있었다.

그런데 동방신기는 국내는 물론 해외에서도 인기를 얻기는 했지만 여러 가지 사건 사고, 소송, 팬덤 분열 등의 이슈가 부각되는 이례적인 아이돌이었다.

동방신기가 인기 절정에 올랐을 당시인 2009년 SM을 상대로 전속계약 효력금지 가처분 신청을 내면서 김준수, 박유천, 김재중이 탈퇴하는 사건이 있었다. 이는 연예계 '노예계약' 이슈로 번졌으며, 세 명의 멤버는 이후 씨제스 엔터테인먼트로 소속사를 옮기고 자신들 이름의 영어 철자 앞글자를 딴 JYJ라는 그룹을 결성하여 각자의 본명으로 활동하고 있다. 가장 인기가 많았던 세 사람이 탈퇴해 동방신기 자체가 해체되는 것 아니냐는 우려도 있었지만 남은 멤버들은 여전히 활동을 이어가고 있다.

세간을 떠들썩하게 했던 SM과 JYJ의 전속계약 분쟁은 3년사의 흔적을 남기고 2012년 11월 말 마무리됐다. SM과 JYJ의 매니지먼트사 씨제스 엔터테인먼트는 JYJ가 SM과의 계약을 끝내기로 하는 데 합의했으며 JYJ 멤버 김재중, 박유천, 김준수가 소송을 제기한 2009년 7월 31일자로 SM과의 전속계약이 종료됐다. 양측은 서로 제기한 모든 소송을 취하하고 상호 제반활동에 간섭하지 않겠다는 내용을 골자로 하는 합의서를 쓴 것으로 알려졌다.

다음은 소송 일지다.

● 2009년 7월 31일 = 김재중, 박유천, 김준수가 SM에 전속계약 효력정지 가처분 신청 제기

● 2009년 10월 = 법원, 3명이 SM을 상대로 낸 전속계약 효력정지 가처분 일부 인용. 단, 수익 배분 문제에 관한 판단은 본안 소송의 영역이라고 판단

● 2009년 11월 = 3명이 SM이 출연을 거부한 시상식으로 그해 11월 열린 '2009 엠넷 아시안 뮤직 어워드(MAMA)'에 출연하면서 독자 활동 시작

● 2010년 1월 = 준수가 동방신기 시절 사용한 '시아'라는 이름을 떼고 <모차르트!>를 통해 뮤지컬배우로 데뷔

● 2010년 4월 = 동방신기의 일본 매니지먼트사 에이벡스, 동방신기 일본 활동 중단 선언. SM은 서울중앙지법에 3인의 전속계약 효력정지 가처분 결정에 대한 이의 신청을 제기하고, 3명에 대한 전속계약 효력존재확인소송 및 손해배상청구 본안 소송

● 2010년 6월 = 3명이 SM에 전속계약 효력부존재확인소송 및 부당이득 반환청구소송

● 2010년 8월 = 서울 올림픽주경기장에서 열린 'SM타운 라이브-10 월드투어'에서 유노윤호와 최강창민이 두 명으로서는 처음으로 동방신기라는 이름을 걸고 무대에 오름

● 2010년 9월 = 3명이 매니지먼트사 씨제스 엔터테인먼트와 계약을 맺고 각자 이름의 영어 알파벳 이니셜을 딴 그룹 'JYJ'를 결성

● 2010년 10월 = JYJ가 미국 힙합스타 카니예 웨스트 (35), 로드니 저킨스(35) 등과 손잡고 첫 월드와이드 정규 앨범 '더 비기닝'을 내놓으면서 본격적인 활동 돌입. SM은 서울중앙지법에 3인과 씨제스 간 체결된 전속계약의 효력 정지 가처분과 '더 비기닝' 발매금지 가처분 신청을 제기했다가 취하

● 2011년 1월 = 유노윤호, 최강창민이 동방신기를 2인 체제로 재편하고 2년 3개월 만에 정규 5집 '왜(Keep Your Head Down)' 발표

● 2011년 2월 = SM이 SM과 3명의 전속계약 효력이 일부 정지된다고 한 법원의 결정을 받아들일 수 없다며 낸 가처분 이의신청 기각. SM이 JYJ의 연예 활동을 방해해서는 안 되고, 이를 위반하는 경우에는 위반행위 회당 2,000만 원을 지급하라는 내용의 간접 강제명령

● 2012년 11월 28일 = 2년여 동안 수차례 조정 끝에 SM과 씨제스는 JYJ가 SM과의 계약을 끝내기로 합의

이처럼 지난한 소송전을 벌이면서 2명의 동방신기, 3명의 JYJ는 각자의 활동을 한다. 박유천은 배우로, 김준수는 뮤지컬 배우로 두각을 나타냈다. 그러나 박유천은 추후 마약 등 사생활 문제로 대한민국을 다시 한번 놀라게 했다.

JYJ가 동방신기를 탈퇴하게 된 이유에 대해 팬덤 사이에서는 온갖 설이 난무한다. 팬덤이 워낙 막강했던 차에 '우리 오빠'들을 지키기 위해 나선 것도 이들이다. 이런 과정에서 새로운 소속사인 씨제스는 팬덤 사이에서 비난을 받기도 했다.

팬덤의 분열 역시 유명하다. 소송을 둘러싼 문제가 주된 내용으로, JYJ의 팬덤은 SM과 JYJ의 소송의 핵심은 부당 계약에서 비롯된 것이고, 팀이 분열된 것은 동방신기에 잔류한 유노윤호와 최강창민 때문이라고 주장했다. 반면 유노윤호와 최강창민의 팬덤은 부당 계약은 핑계이며, 이 계약은 부모님이 동반해 여러 차례 수정을 거친 정당한 계약이라는 주장이다. 또 일부 멤버의 부모가 개입해 팬들을 시켜 악의적인 루머를 퍼트리게 했으며, 회사의 허락 없이 동방신기의 이미지를 사용한 화장품 사업이 해체의 원인이 됐다고도 주장하고 있다. 이러한 소송전과 루머가 떠돌면서 팬덤은 걷잡을 수 없이 분열했고, 다소 과격한 양상으로 서로를 공격하는 일까지 벌어졌다.

그러나 법원은 화장품 회사 건으로 JYJ와 SM이 대립한 점은 확인되지만, 화장품 사업을 목적으로 부당 계약 소송을 했다고 볼 수는 없다고 판결했다. 즉 SM이 반대하는 화장품 사업을 하기 위해 계약해지 소송을 했다고 보기는 힘들다는 것.

한편 JYJ가 씨제스를 택한 것을 두고도 팬덤 사이에서는 우려가 컸다. JYJ가 대형사를 택했으면 하는 바람도 있었고, 차라리 기획사를 새로 차리는 게 낫겠다는 의견도 있었다. 어쨌거나 JYJ는 씨제스를 택했고 이후 소속사가 JYJ를 제대로 챙기지 않는다는 불만이 터져나와 씨제스 안티까지 생겨나기도 했다.

팬덤에 따르면, 재중이 화보집을 발매하는데 강남대로 한복판에서 제대로 된 매장도 갖추지 않고 떨이 판매하듯이 팔아치웠다는 것이다. 팬덤은 마치 자신이 그런 취급을 받은 듯 자존심이 구겨졌고 씨제스에 대한 원망 역시 커졌다. 또 잠실 주경기장에서 콘서트를 여는데 날씨조차 체크하지 않아 일회용 돔이 우박에 무너지기도 했다. 그런데 씨제스는 뒤늦게서야 사과문을 올리는 등 이해할 수 없는 대처를 해 팬덤을 더욱 분노하게 만들었다. 거기다 2014년 잠실 주경기장 콘서트에서는 의자가 제대로 갖춰지지 않은 일이 있었고, 티켓팅 당시의 구역과 실제 구역이 달라 VIP석보다 R석이 더 관람하기 좋은 상황이 되는 일도 벌어졌다.

중요한 건 그럼에도 불구하고 팬덤은 막강했다는 것이다. 박유천의 경우 다음과 같은 사건이 터지기 전까지 말이다. 박유천은 공익근무 중에 성추문이 터졌다. 이른바 '변기 사건'이었는데, 여론의 뜨거운 관심으로 경찰청장이 나와 공정한 수사를 약속했고 이례적으로 12명의 수사관이 수사를 한 것으로 알려졌다. 수사 결과 성범죄에 대해서는 성폭력과 성매매 무혐의로 결론이 났다. 그러나 팬덤의 대부분이 여성이기 때문에 인기는 끝도 없이 추락했다. 이후로 그는 주로 일본 등에서 팬미팅을 진행하며 공백 기간을 메우다가 2019년 1월부터는 본인의 유튜브 채널을 개설하기도 했다.

그런데 또 사건이 터진다. 2019년 4월 전 연인이자 약혼녀였던 황하나와 함께 마약을 투약했다는 혐의를 받는다. 그는 이례적으로 신속하게 기자회견까지 열어 혐의를 부인하며 경찰 수사에 임했지만 국과수의 정밀 조사 결과 다리털에서 필로폰 양성 반응이 나왔다. 양성 반응 소식에 씨제스는 더 이상 신뢰 관계를 이어갈 수 없다며 전속계약 해지를 함으로써 JYJ에서도 공식 탈퇴를 통보했다.

반면 김준수는 별 이슈 없이 뮤지컬 배우로서 활동하고 있다. 그는 2010년 EMK의 뮤지컬 〈모차르트!〉로 데뷔하며 뮤지컬 배우로 톱의 자리에 올랐다. 전 소속인 SM과의 소송으로 인해 방송계에서는 암묵적으로 JYJ의 방송 출연이 사실상 금지됐다는 설이 파다했다. 이런 상황에서 EMK 엄홍현 대표의 설득으로 뮤지컬 배우로 변신한 것은 '신의 한수'라는 평가를 받고 있다. 처음에는 아이돌 출신이라는 편견도 있었고 연기력 논란도 있었지만 독특한 음색과 퍼포먼스 등이 인정받으면서 이제 아이돌 후광을 입고 인기를 누린다는 평가에

서는 자유로운 상태다. 물론 아이돌 시절 팬덤이 그대로 이전
돼 김준수의 뮤지컬 티켓 파워는 조승우와 '투톱'을 이룬다.

동방신기는 그 어떤 아이돌보다 사건 사고도 많았고 소송
으로 얼룩진 역사가 많다. 그러나 이러한 사건 사고 소송은
엔터테인먼트 산업의 단면을 보여주는 사례로 평가받는다.
막강한 팬덤으로 성장하는 엔터테인먼트 산업에서 나타날 수
있는 현상이자 표준계약서가 마련되는 계기가 됐다.

동남아에서는 여전히 인기ING '슈퍼주니어'

"언제 적 슈퍼주니어냐"라는 타박을 하는 이가 있다면, 슈
퍼주니어의 팬덤은 여전히 진행 중이라고 말할 수밖에 없다.
기자로 현업에 있는 이들이라면 슈퍼주니어의 팬덤이 시들해
졌다고 말하는 사람은 없다.

2021년 3월 16일 공개된 슈퍼주니어의 정규 10집 '더 르네
상스'가 아이튠즈 톱 앨범 차트에서 콜롬비아, 에콰도르, 아랍
에미리트, 사우디아라비아, 바레인, 폴란드, 멕시코, 칠레, 페
루, 브라질, 싱가포르, 필리핀, 마카오, 말레이시아, 태국, 인
도, 홍콩, 베트남, 대만, 인도네시아 등 전 세계 20개 지역 1위
를 기록했다. 또한 QQ뮤직, 쿠거우뮤직, 쿠워뮤직까지 중국

주요 음악 사이트 디지털 앨범 판매 차트에서도 1위를 휩쓸었다. 이뿐만 아니라 최근 아네모네와 함께 이특과 은혁은 한정판 모자를 예약 판매했다.

이 두 사례만으로도 언제 적 슈퍼주니어냐고 묻는 이들에게 적절한 대답이 될 것이다. 올해 데뷔 16년 차임에도 불구하고 꾸준하게 앨범을 내고 있는 데다, 성적 또한 화려하다. 굿즈 개념의 한정판 모자 역시 팬덤이 죽었다면 불가능한 작업이다.

2015년 10월경 인도네시아의 한류를 취재한 적이 있다. 2016년은 슈퍼주니어가 데뷔한 지 10년가량이 된 해였다. 당시에도 언제 적 슈퍼주니어냐 했지만, 예상은 빗나갔다. 그때 필자가 이특, 신동과 자리를 함께했는데 그들의 인기는 상상을 초월했다. "이특 사랑해요", "너무 귀여워요"라는 어눌한 한국어가 마구 들려왔다. 여전히 슈퍼주니어는 인도네시아에서 최고의 K팝 아이돌이었다. 그로부터 6년이 지난 지금도 슈퍼주니어의 글로벌 팬덤은 막강하다.

슈퍼주니어는 2005년 11월 6일에 데뷔했다. 비슷한 시기 데뷔했던 아이돌은 사라졌지만 2세대 아이돌로 슈퍼주니어는 해외 팬덤이 확고하다. 특히 유럽과 중국, 동남아에서의 인기가 대단한데 해외 팬들은 한국의 특정 가수만 좋아하기보다 K팝 자체를 좋아하는 특성이 있었고, 슈퍼주니어의 경우는 처음부터 '코어팬'이 확실한 몇 안 되는 아이돌이었다. 무엇보다 월드투어 'SUPER SHOW'를 통해 아이돌 최초로 콘서트가 브랜드가 될 수 있다는 것을 보여줬다. 2019년 7월 기준으로 총 140회의 콘서트, 그리고 2018년 11월 30일과 12월 1일에 개최된 SUPER SHOW 7 도쿄 돔 콘서트를 통해 통산 200만 명의 누적 관객 수를 기록했다.

앞서도 잠깐 언급했지만, 특히 중국에서는 슈퍼주니어 콘서트 날 도로 통제령이 내려질 정도로 그 인기가 상상을 초월한다. 콘서트 암표 가격의 기록 또한 깨지지 않고 있다. 이처럼 해외에서의 인기가 더 대단하기 때문에 슈퍼주니어가 아직 건재하다는 것을 국내에서는 실감하지 못할 수도 있다. 실제로 슈퍼주니어는 국내에서 다소 저평가됐다. 대신 김희철, 최시원, 이특, 신동, 규현 등 멤버의 개별 활동이 많이 알려졌다.

애초 SM에서는 슈퍼주니어에 대한 기대치가 높지 않았던 것으로 보인다. 이수만 피디는 한 강연에서 "슈퍼주니어가 이렇게까지 잘될 줄 몰랐는데 놀랍다"며 "처음에는 로테이션 그룹에 불과했는데 너무 열심히 하니 회사에서도 도와주게 됐다"고 말하기도 했다.

실제 슈퍼주니어의 전신이라고 할 수 있는 'SuperJunior05'는 원래 일본의 로테이션 제도를 한국에 적용한 그룹으로 기획됐다. 그런데 13명이 추는 칼군무를 보는 순간 아마도 SM

은 잘못 생각했다고 판단했을 수 있다. 슈퍼주니어를 최고 한류 스타로 만들어준 「Sorry, Sorry」의 칼군무는 지금 봐도 장관이다. 어떻게 SM이 그런 판단을 했을까 싶을 정도다. 물론 이수만 피디의 말대로 너무 열심히 해서 밀어주는 '빠른 태세 전환' 역시 '신의 한수'였다는 평가다.

가장 진화한 K팝 아이돌 '엑소'

BTS가 등장하기 전까지 K팝 최고의 아이돌 그룹은 엑소였다. 국내를 비롯해 글로벌 팬덤을 가장 폭넓게 확보한 아이돌이 바로 엑소였다. 엑소는 H.O.T., 동방신기, 슈퍼주니어에 이어 SM이 데뷔시킨 아이돌로 태생 자체가 '금수저'였고 SM의 모든 노하우가 집약된 결정체라는 평가를 받았다. 글로벌 시장을 공략한 멤버 구성은 말할 것도 없다. 여기에 '세계관'을 추가해 엑소 이후 데뷔한 아이돌은 대부분 세계관을 가지는 것이 트렌드가 됐다. 마치 '마블' 영화처럼 말이다.

특히 이들의 세계관이 앨범마다 어떻게 구현될지에 대한 관심이 상당했다. 팬덤으로부터 호기심을 유발하고 앨범과 함께 공개하는 방식인데, 영화의 개봉과도 흡사한 전략이다. BTS 역시 비슷한 전략을 사용했다. 우선 'EXO'라는 이름은 태양계 외행성을 뜻하는 'exoplanet'에서 모티브를 얻었으며 '미지의 세계에서 온 새로운 스타'라는 의미를 담았다. 2012년 3월 31일과 4월 1일 각각 서울과 베이징에서 데뷔 쇼케이스를 개최하여 EXO-K 6명과 EXO-M 6명으로 이루어진 12인조로 데뷔했으나, EXO-M의 중국인 멤버 3명이 연달아 탈퇴하면서 9인조가 됐다.

남자 아이돌의 팬덤은 걸그룹에 비해서 다소 늦게 형성되는 경우가 많다. 물론 보이그룹의 경우 한번 형성된 팬덤은 강력하고 오래 지속되는 게 특징이다. 반면 걸그룹은 팬덤이 빨리 형성되기는 하지만 빠르게 사라지고 팬덤으로 인한 경제 효과 역시 미미하다. 그런데 엑소는 데뷔 1년여 만에 강력한 팬덤이 형성됐다. 2013년 「으르렁」이 커다란 인기를 끌기 시작하면서 팬덤 층도 두터워졌다. 초반에는 청소년이 주였지만 「콜 미 베이비」, 「러브 미 라잇」과 같은 대중적인 색깔의 음악에 힘입어 팬덤이 다양해졌다. 특히 2018년부터는 멤버들의 개인 활동이 많아지면서 3040에게서도 인지도가 높아졌다.

엑소가 기존 아이돌과 특별히 다른 점은 바로 세계관이다. 엑소가 새로운 앨범을 발표할 때마다 그들의 세계관에 대한 관심이 집중됐고, 세계관 굿즈 역시 팬덤의 한 문화가 됐다. 우선 데뷔곡 「마마」와 선공개 곡 「히스토리」는 미지의 세계에서 온 엑소에 대해 어느 정도 설명해주는 노래이며, 「마마」

같은 경우 뮤직비디오에서도 콘셉트로 사용됐다. 이후 「코코밥」, 「파워」의 뮤직비디오에는 세계관을 더욱더 선명하게 드러내기도 했다.

엑소는 퍼포먼스 역시 기존 아이돌과 다른 시도를 했다. 대형 퍼포먼스와 사회 비판에 주로 초점을 맞추고 있는 SM의 다른 보이그룹들과 달리 강조를 조절한 퍼포먼스를 선보였다. 몽환적인 우주 콘셉트의 「러브 미 라잇」, 다크 섹시 콘셉트의 「러브」, 「비 네츄럴」, 「으르렁」, 「몬스터」, 「러브샷」 등에서 볼 수 있듯이 말이다.

그러나 엑소 역시 멤버 수가 많고 다국적이다 보니 탈퇴 이슈가 있었다. 크리스, 루한에 이은 타오의 탈퇴로 엑소 팬덤에 위기가 찾아온다. 타오의 경우는 그의 아버지가 SNS를 통해 회사에 타오의 탈퇴를 요구하고 인터뷰에서 아들이 효심과 부상 치료를 위해 이에 동의했다고 주장해 커다란 파장을 일으켰다. 타오가 탈퇴하면서 멤버는 9인이 되고, '리부트한 세계관' 역시 9인에 맞추어 재정비했다. 연이어 터진 악재로 한때 흔들리기도 했으나 엑소는 앨범 '엑소더스'의 타이틀곡 「콜 미 베이비」로 컴백하면서 보다 확실한 팬덤을 확보하게 된다.

특히 2016년 컴백해 인기를 끈 「몬스터」는 아시아에 집중되었던 엑소의 팬덤이 점차 북미, 유럽으로 확대되는 계기가 됐다. 2017년 7월에는 「코코밥」이 서양권과 미국 쪽에서 인기가 높아졌는데 「코코밥」의 안무 일부를 따라하는 일명 '코코밥 챌린지'가 유튜브, 트위터 등에 소개되며 전 세계적으로 유명세를 탔다. 또한 「파워」는 힘을 주는 가사 덕분에 대중들에게 좋은 평가를 많이 받았는데, 이 곡이 일 년 동안 아랍에미리트의 분수쇼에 사용되면서 중동권 팬층이 엄청 늘어났다. 「몬스터」는 3억 뷰를 넘겼고, 「콜 미 베이비」와 「코코밥」, 「러브샷」, 「으르렁」, 「중독」이 2억 뷰를 넘겼다. 중국에서는 2016년 말 이후 여전한 한한령에도 불구하고 '샤미뮤직' 음원 사이트에서 '9억 스트리밍'이라는 기록을 달성하기도 했다.

YG의 흥망성쇠를 좌우한 '빅뱅'

2006년 데뷔한 빅뱅은 YG 엔터테인먼트가 상장사로 도약하는 데 가장 커다란 역할을 한 아이돌이다. 이전까지만 해도 지누션, 세븐 등이 YG의 간판스타였지만 상장을 할 만한 규모로 회사가 성장하는 데는 한계가 있었다. 그러나 빅뱅의 등장으로 YG는 SM과 JYP를 위협하는 엔터사로 도약하게 된다.

처음에는 멤버들이 작고 마른 데다 카리스마가 느껴지지 않는다는 평가도 있었지만 시간이 흐를수록 빅뱅 팬덤의 위력은 막강해졌다. 특히 YG의 경우 양현석 피디의 '성공할 곡이 없으면 앨범을 내지 않는다'라는 신념 때문에 공백기가 긴 가수들이 많았다. 빅뱅도 예외는 아니었다. 「거짓말」이 크게 히트를 한 후 후속 앨범이 나오기까지 무려 1년 6개월가량이 걸렸다. 이처럼 공백이 긴 경우 팬덤이 와해되기도 하지만 빅뱅의 팬덤은 공백 기간 내내 멤버들에게 지지를 보내는 등 식지 않는 애정을 보인 것으로 유명하다.

디지털로 음악 시장이 재편되면서 음원 순위는 인기의 척도가 됐다. 「거짓말」은 싸이월드 뮤직 연간 순위 1위, 멜론 연간 순위 15위, 「하루하루」는 싸이월드 뮤직 연간 순위 1위, 멜론 연간 순위 2위를 기록했다. 지금은 생소하게 들릴지 몰라도 2008년까지는 싸이월드 뮤직이 가장 이용자가 많은 음원 서비스였다. 2015년에 A 싱글 1번 트랙 수록곡 「뱅뱅뱅」은 가온과 멜론 등 모든 음원 사이트 연간 순위 1위, M 싱글 더블 타이틀곡인 「루저」는 가온 연간 순위 2위, 멜론 순위 6위를 했다. 이 밖에 2015년 발표한 모든 곡들이 연간 순위 100위권 안에 진입했다. 심지어 2009년 8월 18일에 발표한 지드래곤의 정규 1집 앨범 수록곡인 「하트브레이커」는 그해 멜론 연간 순위 4위를 기록하며 같은 해 활동한 남자 아이돌 중 최고의 음원 성적을 기록했다.

해외 팬덤 역시 YG를 상장시킬 만큼 대단했다. 빅뱅은 2016년 일본 콘서트 관객 1위, 중국 외국 가수 최다 관객 동원 기록을 세웠다. 또 일본에서 외국 아티스트 최초로 2013~2017년까지 5년 연속 돔 투어를 진행했다. 일본의 돔 공연은 상징과도 같다. 돔 공연장 공연 여부가 글로벌 톱의 기준이 되기 때문이다.

지드래곤을 비롯해 각각의 멤버 역시 막강한 팬덤을 자랑한다. 지드래곤은 물론 태양, 대성 역시 일본에서 솔로 투어를 할 정도로 팬덤이 막강하다. 빅뱅은 중국에서 정식 데뷔한 적이 없음에도 그곳에서 외국 가수로는 역대 최다 관객 동원 기록을 세웠다. 2016년 중국 QQ뮤직 어워드에서 4관왕(최우수 뮤직비디오상, 최고 인기 외국 그룹상, 베스트 셀럽 외국 디지털 앨범상, 최고 영향력 아티스트상)에 올랐으며, 2017년에는 최대 음원서비스 QQ차트에서 연간 1위를 기록했다.

빅뱅의 팬덤은 콘서트 규모에서도 확인할 수 있다. 2012년 3월 2일~2013년 1월 27일 개최한 'BIGBANG ALIVE GALAXY TOUR 2012'는 아시아, 북미, 남미, 유럽 등 다양한 국가에서 총 46회 공연에 80만 명의 관객을 동원했으며 2015년 4월 25일~2016년 3월 6일 개최한 'MADE WORLD TOUR'는 아시아, 북미, 남미, 오세아니아 등 다양한 국가에서 총 66회 공연에 150만 명의 관객을 동원했다.

BTS는 어떻게
21세기의 비틀스, 장르,
플랫폼이 되었나

2021년 3월 14일(현지 시간) 세계인의 이목은 그래미에 집중됐다. BTS가 그래미 후보에 올랐기 때문이다. 그러나 수상은 불발됐다. 그래미상을 주관하는 미국레코딩예술과학아카데미는 제63회 그래미 시상식에 앞서 사전시상식(프리미어 세리머니)에서 '베스트 팝 듀오/그룹 퍼포먼스' 부문 수상자로 레이디 가가와 아리아나 그란데를 선정했다.

K팝 가수로는 처음으로 그래미 후보에 올랐지만 BTS의 수상 여부에 관심을 가진 것은 한국뿐만이 아니었다. 전 세계가 주목했다. 아메리칸 뮤직 어워드와 빌보드 시상식에서 BTS가 각각 3년, 4년 연속 수상할 당시까지만 해도 BTS는 '21세기의 비틀스'였다. 그러나 이제 BTS는 더 이상 21세기의 비틀

스도 아닌 하나의 '장르'가 됐다.

글로벌 팬덤 아미를 비롯해 세계인은 K팝으로서 BTS의 음악을 듣고 열광하는 것이 아니라 BTS 자체를 듣고 즐기고 있다. 그렇기에 그래미 수상 불발에 대한 아쉬움이 남는다. 심사위원을 제외하고는 모두 BTS를 인정했기 때문이다. 김영대 평론가는 "보수적인 그래미 선정위원들에게 방탄소년단은 미국인이 아닌 외국인이어서 불리함이 있을 수밖에 없다"며 "또 방탄소년단을 제치고 수상한 레이디 가가와 아리아나 그란데의 음악이 워낙 훌륭하기도 했다"고 평가했다. 그러면서도 그 역시 아쉬움을 감추지 못했다. "그래도 방탄소년단이 2018년 그래미 뮤지엄 행사에 처음 초청받아 인터뷰를 했고, 2019년 그래미 시상식 무대에 시상자로 섰고, 지난해 시상식 축하 공연을 한 데 이어, 올해는 후보에 오르고 단독 공연까지 했다는 건 그래미와 가까워지는 단계를 잘 밟아왔음을 의미한다"며 "앞으로도 그래미 후보에 꾸준히 오르고 수상까지 할 수 있는 발판을 마련했다는 데 의의가 있다"고 말했다. 아쉬움을 에둘러 표현한 것이다.

2013년 데뷔한 BTS의 기록은 일일이 나열하기 힘들 정도로 많고, 적는 순간 새로운 기록이 만들어진다. 이 때문에 '기록소년단'이라고 불리기도 한다.

2013년 싱글 앨범 '2 COOL 4 SKOOL'로 데뷔한 BTS의 멤

버는 RM(리더), 진, 슈가, 제이홉, 지민, 뷔, 정국이다. 처음에는 그다지 주목을 받지 못했는데, 방시혁이라는 마니아 성향의 프로듀서가 대표로 있는 중소기획사 빅히트 엔터테인먼트 소속의 아이돌이라는 점이 가장 커다란 이유였을 것이다. 방시혁이 JYP에서 지명도를 얻기는 했지만 마케팅 능력은 빅3 엔터사에 비해 약했기 때문이다. 여기에 방시혁의 프로듀싱 철학과 신념이 기존의 K팝 아이돌 시스템과 다르다는 점도 작용했다. 연습생 때부터 기획에 의해 대중의 니즈에 딱 맞춰 데뷔하는 아이돌이 아닌, 자신의 음악을 하는 아티스트로서의 아이돌이 그가 추구하는 프로듀싱 신념이었다.

그렇다면 세련된 웰메이드 상품이 아닌 자기만의 음악을 추구하는 주변부의 아이돌 BTS는 어떻게 21세기의 비틀스, 그리고 또 하나의 장르가 됐을까. 2019년 부산 벡스코에서 열린 2019 한-아세안 특별 정상회의 '문화혁신포럼' 행사에서 BTS가 '21세기의 비틀스'가 될 수 있었던 이유를 들을 수 있었다. 행사 연설자로 참석했던 방시혁은 이날 K팝 등 콘텐츠의 힘과 아세안의 미래 성장 동력이 될 영향력 있는 콘텐츠의 조건 등을 주제로 한국과 아세안 문화산업의 상생발전 가능성에 대해 강연했다.

기술이 세상과 인간, 라이프 스타일을 바꾸는 시대인데 기술 자체를 향유하는 것은 아니고, 기술을 활용해 만들어진 홀

룡한 콘텐츠를 접할 때 우리는 비로소 기술의 존재를 인지하고 경탄하게 된다고 그는 운을 뗐다. 그러면서 기술의 존재를 인지하고 경탄하게 되는 가장 좋은 예로 '라이브 에이드 공연'을 꼽았다. 그는 강연에서 다음과 같이 말했다.

"1985년 'Feed the World'라는 구호 아래 영국 웸블리 스타디움에 당대 최고의 아티스트들이 모였다. 당시 심각했던 아프리카의 기아 문제를 전 세계에 알리고 도움을 주기 위해서였다. '라이브 에이드'는 전 세계 구석구석으로 우리가 살고 있는 세상에서 일어난 비극을 생생히 전했고 음악을 통해 인류애를 호소했다. 그리고 즉각적인 반향과 흥분이 지구를 휩쓸었다. 그 모든 것이 인공위성이 없었다면 불가능했을 것이다. 라이브 에이드가 인공위성을 이용한 생중계 기술의 존재 가치를 증명한 것이다. 그로부터 많은 시간이 지났다. 전 세계인이 동시에 같은 공연을 보던 경험은, 이제 손바닥 위에서 전 세계인과 수많은 채널을 통해 실시간으로 소통하고 같은 콘텐츠, 같은 감동, 같은 열광을 공유하는 것으로 바뀌었다. 그리고 바로 그 기술을 이용해 아시아 동쪽 나라의 작은 기획사에서 출발한 방탄소년단이 세계적인 반향을 이끌어냈다. 한국인들이 한국어로 노래하고 춤추는 뮤직비디오에 전 세계인들은 열광했다."

이 말은 곧 BTS가 유튜브 시대의 비틀스, 주변부의 영웅으로 탄생했으며, BTS의 성공이 유튜브 기술의 존재 가치와 파급력을 증명한 것이라는 얘기였다. 그는 또 "수많은 공연 중에 왜 라이브 에이드가, 수많은 동시대 아티스트 중에 왜 방탄소년단이 그런 증명을 해낼 수 있었을까"라며 "그것이 좋은 콘텐츠이기 때문"이라고 답했다. 또한 "라이브 에이드와 방탄소년단, 이 둘은 비록 다른 시대에 태어났고, 서로 다른 종류의 콘텐츠지만, 모두 좋은 콘텐츠"라며 그것은 "시대와 세대에 대한 과감하고 적극적인, 때로는 도발적인 발언을 담고 있기 때문"이라고 말했다. 그는 이어 좋은 콘텐츠란 무엇인가에 대한 대답도 내놓았다.

"현대의 '좋은 콘텐츠'란 모두가 자신의 이야기라고 공감할 만한 보편적인 발언이자, 동시에 취향 공동체의 열광을 이끌어 낼 수 있는, 특수한 형태의 발언이기도 해야 한다. 결국, 좋은 콘텐츠는 지금 이 시대에 반드시 던져져야 할 발언이다. 4년 전 라이브 에이드가 인공위성을 통한 생방송 기술의 존재 가치를 알렸듯, 지금 방탄소년단이 유튜브 기술의 파급력을 증명하듯, 우리만의 발언과 이해를 담은 콘텐츠를 만들어냄으로써 4차 산업혁명이 선보일 새로운 기술의 존재 가치를 증명해낼 사람, 그 사람에게 투자하라."

실제로 BTS는 SNS라는 새로운 기술이 만들어낸 글로벌 스타다. 2013년 데뷔한 이후 국내에서는 이렇다 할 두각을 보이지 못하다가 SNS를 통해 해외 팬들과 소통을 시작하면서 글로벌 팬덤이 형성되기 시작했다. 일부러 그 그룹을 찾아서 음악을 들은 게 아니라 K팝을 좋아해 이곳저곳을 기웃거리다가 발견한 게 해외 팬들에게는 바로 BTS였던 것이다. 그리고 해외에서 시작된 글로벌 팬덤으로 인해 아메리칸 뮤직 어워드 시상식에 초대되면서 국내에서도 비로소 관심을 가지기 시작했다. "BTS가 해외에서 그렇게 인기가 많다더라"라며. 소위 말해 역수입 K팝 아이돌이라는 말까지 나올 정도였다. 물론 국내에서도 무명은 아니었지만 당시 엑소, 빅뱅이 국내에서는 독보적인 위치의 아이돌이었다.

앞서도 얘기했지만 필자는 2016년 5월 취재차 프랑스, 독일, 영국에 갔을 때 그때서야 처음으로 BTS라는 가수가 있다는 것을 알게 됐다. 히잡을 쓴 중동계 프랑스인을 비롯해 영국인, 독일인 학생이 가장 좋아하는 K팝 가수가 바로 BTS였다. 작고 마른 아이돌 정도로 보였는데, 이들은 BTS에 열광하고 있었다. 이유를 물었더니 트위터 등으로 직접 소통하고 음악을 직접 들려줘서 친근감도 있다고 했다. 그리고 몇 개월 후 유럽에서 경험했던 BTS의 인기가 기록으로 나타났다. 2016년 11월 2집 정규 앨범 '윙스WINGS'가 국내는 물론 '빌보드 200'에도 오른 것이다.

다음은 당시 상황을 쓴 기사다.

[팝컬처] 겁 없는 '일곱 악동' 세계로 날다

《서울경제》, 2016. 11. 12.)

방탄소년단 정규 2집 '윙스'

국내 정상 이어 美 빌보드 26위

한국 가수로는 최고 기록 세워

英 앨범 차트에 62위 입성도

숙소·연습실 등 소소한 일상까지

SNS 올리며 글로벌 팬들과 소통

북미·남미 등 월드투어 콘서트도

"예술성-K팝 시스템 조화" 잇단 호평

아무도 이들을 막을 수 없었다. 국내 정상을 석권한 것은 물론이고 미국 빌보드의 메인 앨범 차트인 '빌보드 200' 26위에 진입해 한국 가수로는 최고 기록을 세웠다. 또 이 차트에 3장의 앨범이 3연속 진입하는 최초의 기록도 만들어냈으며, 한국 가수로는 처음 영국 앨범 차트에 62위로 입성하기도 했다. 바로 7인조 보이그룹 BTS 얘기다. BTS는 그 누구도 가지 못했던 길을 활짝 열어젖혔다. 그것도 소위 '빅3' 연예기획사가 아닌, 빅히트 엔터테인먼트라는 중소기획사 소속의 아티스트가 만들어낸 기록이라니. 엔터업계에서 "도무지 믿기지 않는다"는 평가가 나올 만했다.

글로벌 소녀 팬들이 그 매력에 흠뻑 빠져들고 있다. "방탄소년단의 음악엔 유니버설한 무엇이 있다"는 찬사가 세계 곳곳에서 들려온다. 특히 일본, 중국, 태국을 비롯한 동남아시아 등 한류가 커다란 인기를 끌고 있는 지역이 아닌 팝의 본고장이자 타지역 아티스트에게 배타적인 미국 빌보드 차트에 이름을 올리고, 유럽에서 팬덤까지 형성되고 있는 것은 예사로운 현상이 아니다. K팝의 비약적인 진화라고 할 수밖에 없는, BTS의 놀라운 대약진이다.

BTS의 글로벌 인기 비결은 과감하고 도전적인 해외 진출 전략 덕분이다. 우선 멤버들은 데뷔 시절부터 SNS를 통해 자신들의 음악과 일상을 '잠재적' 글로벌 팬들에게 지속적으로 노출시키며 소통하는 과정에서 친밀감을 키워갔다. 이들은 유튜브 채널에 '방탄 밤'이라는 1분 내외의 짧은 동영상을 계속해서 올렸으며, 트위터와 페이스북 등 SNS 공식 계정을 통해 글로벌 팬들과 소소한 일상을 나눴다. 올 3월 미국 경제전문지 《포브스》가 트위터 창사 10주년을 맞아 보도한 기사에 따르면 BTS가 '가장 많이 리트윗된 아티스트' 1위에 올랐을 정도다. 글로벌 팬들도 BTS의 SNS 활동에 적극 화답했다. 유튜브에서 BTS 채널 구독자 수는 220만 명을 넘어섰고, '유튜브 뮤직 글로벌 톱 100' 차트의 세계 아티스트 순위에서도 4위까지 상승했다.

또한 이들은 데뷔 직후부터 '겁도 없이' 뉴욕, 달라스, 시카고, LA 등 미국 4개 도시와 멕시코, 브라질, 칠레 등 중남미 지역을 돌며 월드투어 콘서트에 나서는 등 이례적인 행보를 보였다. 빅히트 엔터테인먼트의 한 관계자는 "해외 콘서트의 경우 실패 리스크를 최소화하기 위해 국내외에서 팬덤이 형성된 이후 진행되는 것이 보통이지만 방탄소년단은 이 같은 행보를 따르지 않고 과감하게 도전했다"고 말했다.

탄탄한 음악성도 BTS의 글로벌 열풍을 뒷받침했다. 팝에 뒤지지 않으면서 이질감 또한 없는 음악, 국적을 초월해 청소년들이 공감할 수 있는 메시지, 예술성이 돋보이는 뮤직비디오, 시리즈 앨범 발매 등 탄탄한 콘텐츠도 해외 팬들을 사로잡은 비결이다. 이를테면 그들은 '학교 3부작', '청춘 3부작' 등 시리즈 앨범을 내놓으면서 청춘의 이야기를 담았다. '학교 폭력', '입시', '등골브레이커' 등 청소년들이 공감할 만한, 아프고 방황하는 10~20대들을 소재로 국내외 또래들의 마음을 사로잡았다.

미국 시장도 BTS를 호평하고 있다. 미국 빌보드는 칼럼을 통해 "방탄소년단은 예술적 개성과 K팝 시스템의 장점인 그룹사운드가 잘 조화된 팀이다. 분명한 메시지가 있고 한국어를 사용하지 않는 팬들도 이질감을 느끼지 않는 것 같다"며 칭찬을 아끼지 않았다.

BTS의 음반이 서양문화권에 친숙한 콘셉트를 담았다는 점 또한 성공의 비결로 꼽힌다. 2집 앨범 타이틀곡 「피 땀 눈물」이 헤르만 헤세의 소설 『데미안』에서 아이디어를 얻었다는 부분이 그렇다. 그 영향인지 해외 각지에서 BTS 열기는 더욱 뜨거워지는 추세다. 유튜브를 비롯한 각종 SNS에서는 이들의 뮤직비디오를 보고 열광하며 눈물을 흘리는 전 세계 소녀 팬들의 모습을 담은 영상들이 빠르게 퍼져나가고 있다.

전문가들은 BTS에 열광하는 이런 현상을 K팝과는 차원이 다른 하나의 신드롬으로 해석한다. 프랑스 파리에서 K팝 및 한국 문화 전반에 대해 소개하는 웹매거진 《코레 매거진Corée Magazine》을 운영하고 있는 나탈리는 "방탄소년단의 음악과 뮤직비디오에는 다른 K팝 가수들에게서 볼 수 없는 유니버설한 무엇인가가 있다"며 "프랑스에서 나고 자란 사람뿐만 아니라 중동 등에서 온 친구들도 방탄소년단의 음악에 열광한다"고 말했다. 그는 이어 "한국어 가사를 프랑스어로 번역해 프랑스 팬들에게 전달하곤 하는데 가사와 메시지에 대해서도 공감한다"고 덧붙였다.

빅히트가 선택한 새로운 기술은 이렇게 BTS가 '21세기의 비틀스'가 되는 데 막대한 역할을 했다. 방송사를 뚫기 어려워 택한 우회로이기도 했지만 방시혁의 강연 내용을 살펴보면 그는 애초에 SNS의 힘을 간파했던 것으로 보인다. 어떻게 그것이 가능했던 걸까. 강연에서 그는 '라이브 에이드'를 예로 들었지만 우리는 이미 SNS가 강력한 팬덤을 형성할 수 있다는 것을 경험한 바 있다. 바로 2012년 세계를 강타했던 싸이의 「강남스타일」이다.

B급 감성의 「강남스타일」은 국내에서는 그저 그런 싸이스러운 음악이었다. 그러나 유튜브를 통해 그의 우스꽝스러운 퍼포먼스와 중독성 있는 멜로디가 입소문을 타면서 글로벌 히트를 기록했다. 「강남스타일」 뮤직비디오는 공개 161일 만에 10억 뷰를 돌파했으며, 2014년 5월 유튜브 사상 최초로 20억 뷰를 넘었다. 그리고 2021년 3월 7일 이 뮤직비디오의 유튜브 조회 수가 K팝 가수로는 처음으로 40억 뷰를 돌파했다. 2017년 11월 30억 뷰를 돌파한 데 이어 3년 4개월 만에 또다시 기록을 갱신한 것이다.

'국내 시장은 작다'라는 말을 달고 살지만 실제로 이를 타개하기 위해 과감한 전략을 짜고 실천하는 이는 얼마나 될까? 싸이의 「강남스타일」이 글로벌 신드롬을 일으켰을 때 이미 SNS라는 채널이 대세가 되리라는 전망을 했을 것이다.

기술의 발달은 늘 새로운 스타를 만들어낸다. 라디오의 발명으로 인해 오디오형 가수가 탄생했고, 텔레비전이 발명되고 보급되면서 케네디는 닉슨을 꺾고 대통령에 당선됐다. 케네디가 전세를 역전시킬 수 있었던 것은 미국 최초로 실시된

TV 토론 덕이다. 케네디가 잘생기고 자신만만한 매너를 갖췄다면 닉슨은 병색이 짙고 눈동자는 흔들렸으며 옷마저도 칙칙했다.

당시 미국의 유권자 2/3에 해당하는 7,000만 명이 미국 최초로 실시된 TV 토론을 지켜봤다. 과연 미국 유권자는 누구를 선택할 수밖에 없었을까? 병색이 짙고 확신 없는 모습의 닉슨을 선택할 리가 없다. 결국 케네디가 근소한 차이로 닉슨을 꺾고 대통령에 당선됐는데 이는 바로 '텔레비전 정치', '이미지 정치'의 시작이었다.

싸이의 「강남스타일」 글로벌 히트 역시 팬덤의 채널이 SNS로 옮겨가고 있다는 신호탄이었을 것이다. 물론 싸이의 경우는 '원 히트 원더'에 그쳐 팬덤을 형성하지는 못 했지만 강력한 시그널을 준 것만은 분명하다. 한국의 방송 프로그램을 통해 BTS를 접하는 글로벌 팬들이 얼마나 될까. SNS 소통 전략은 현재 글로벌 '아미'라는 '다이너마이트급 팬덤'을 만들어낸 가장 주요한 원인이 됐다.

중국, 일본, 동남아시아에서 K팝은 한국의 음악이 아니라 젊은 세대가 향유하는 유니버설한 음악이다. 한 지역에 국한된 음악이 아니라는 말이다. 그런데 미국과 유럽의 경우는 K팝이 여전히 아시아 음악, 즉 제3세계 음악일 수 있다. 그럼에도 불구하고 BTS가 미국 3대 뮤직 어워드에 올랐다는 것은 무엇을 의미할까. K팝의 저변이 확대됐다고 단순하게 볼 문제는 아니다. 저변이 어떻게 확대될 수 있었는지가 포인트이기 때문이다.

BTS 음악을 거부감 없이 받아들일 수 있었던 데는 물론 엑소, 빅뱅, 슈퍼주니어 등 2세대 아이돌의 활약이 바탕이 되기는 했다. 그런데 보다 근본적인 이유는 미국을 비롯한 유럽에서의 인종 구성 변화였다.

바이든이 트럼프를 꺾고 대통령이 될 수 있었던 것은 물론 트럼프의 왜곡된 '아메리카 퍼스트', '백인우월주의', '반이민정책' 때문이기도 했지만 이를 거부할 수 있었던 것은 미국 내 인종 구성의 변화였다. 미국에서는 이미 백인의 비율이 점점 줄어드는 대신 히스패닉을 비롯해 아시아계, 흑인 등 유색인종의 비중이 점차 높아지고 있다. 미국의 주류가 전통적으로 백인이었다면 이제는 그에 변화 조짐이 있는 것이다. 특히 2010년 기준으로 미국행 이민자는 이미 아시아계가 히스패닉을 앞질렀다. 중국, 한국, 일본, 베트남 등 아시아계가 36%, 히스패닉이 31%였다. 유색인종이 더 이상 소수 민족이 아닌 것이다. 미국을 이민자의 나라라고 했지만 그동안은 유럽에서 건너온 백인 이민자의 나라였다. 그러나 현재는 히스패닉, 아시아계, 아프리카계 등 다양한 나라에서 온 이민자들의 나라가 바로 미국이다.

특히 아시아계의 경우는 미국 대중문화에서 주류로 떠오르는 중이다. 2020년 아카데미에서 봉준호 감독의 〈기생충〉이 작품상 등 4개 부문을 석권했다. 한국 가족의 이야기로 말이다. 그리고 2021년에는 한국계 정이삭 감독의 〈미나리〉가 6개 부문의 후보에 오른 데 이어 배우 윤여정이 여우조연상을 수상했다. 골든글로브에서는 한국어 대사가 50% 이상을 차지해 외국영화로 분류한 것을 두고 비판이 쏟아져 나오기도 했는데 비판의 이유가 흥미롭다. 미국의 평론가들은 〈미나리〉가 가장 미국적인 영화라고 평가한 것이다. 그들은 이 영화가 이민자의 나라인 미국의 가장 보편적인 이야기를 그렸다고 평했다. 〈크레이지 리치 아시안〉 같은 영화를 통해서도 아시아계에 대한 편견은 낮아진 편이다. 더 이상 가난한 나라 출신 이미지도 아닌 것이다. 물론 여전히 미국 내에서 백인우월주의자들은 존재하다. 그럼에도 불구하고 미국과 유럽에서 아시아인은 이제 주류가 되고 있다는 사실만은 분명하다.

미국에서 유색인종으로서의 소수자, 이민자 정서는 분명히 있었을 것이다. 특히 이들에게 그리고 인종에 대한 편견이 덜한 백인 미국인들에게 K팝, BTS의 음악은 그래서 낯선 음악이 아니었던 것이다. 유색인종에게는 오히려 동질감을 느끼게 하는 음악일 수 있다. 그리고 BTS의 성공을 바라보며 소수자로서의 대리만족을 느끼기도 했으리라.

유럽도 상황은 비슷하다. 런던의 거리에서 마주치는 대부분의 인종은 백인보다 흑인인 경우가 많다. 나이지리아, 남아프리카공화국 등 국적도 다양하다. 프랑스에서도 마찬가지다. 독일에서는 물론 영국이나 프랑스보다는 적지만 흑인을 비롯해 터키계의 비중도 높다. 백인들도 BTS를 좋아하지만 히잡을 쓴 중동계 여학생부터 아시아계, 아프리카계에 이르기까지 모두가 BTS 음악에 열광한다. 이들에게 BTS를 좋아하는 이유를 묻자, SNS를 통한 소통은 말할 것도 없고 대부분이 멋진 스타일과 '칼군무'를 꼽으며 칼군무에서 느껴지는 팀워크가 매력적이라고 답했다. 개인주의 성향이 강한 유럽인들에게 칼군무는 생경한 광경이자 신선한 충격으로 다가왔던 것이다.

그리고 '공감'은 BTS를 하나의 장르로 만든 강력한 요소다. 물론 공감 가지 않는 음악은 사랑받을 수도, 팬덤을 형성할 수도 없다. 공감은 시대마다 다르다. 과거에 공감을 주었던 내용이 현재에는 '1'도 공감을 얻지 못할 수도 있다. 그렇다면 BTS의 음악은 어떻게 글로벌 팬덤을 만들어낼 정도로 공감을 주는 것일까. 그것은 앞서 방시혁이 말했듯 '시대에 대한 발언'과 관련이 있었다. 좋은 콘텐츠, 즉 공감을 주는 콘텐츠란 바로 이 시대에 던져야 할 발언이 담긴 것이어야만 한다는 얘기다. 그게 사랑이든 사회적, 정치적 이슈이든 상관없다.

그래서였을까. BTS는 세월호, 왕따, '탕진잼(탕진하는 재미)' 등 사회적 이슈를 가사에 담았다. 이는 국내 아미들에게 공감을 불러일으켰을 뿐만 아니라, 한국어 가사로 노래를 불렀음에도 해외에서까지 공감을 이끌어냈다. 해외 아미들은 한국어 가사를 즉시 각국의 언어로 해석하는 데까지 시간이 얼마 걸리지 않는다고 한다. 그러니까 그들이 무슨 의미인지도 모른 채 BTS의 노래를 따라 하는 게 아니라는 것이다.

빌보드닷컴 역시 이러한 점에 주목하며 BTS의 인기 비결을 다음과 같이 분석하기도 했다. "대부분의 K팝 그룹은 그들의 음악을 정치화하거나 논쟁적인 주제를 다루는 데 주저하지만 방탄소년단은 정신건강, 왕따, 자살 등 정치와 문화적 문제를 여러 차례 다뤘다. 이런 비전형적인 접근 방식이 미국에서 방탄소년단의 인기를 높였다."

실제로 K팝 아이돌은 논쟁적 이슈를 가사에 담거나 하지 않고 공식석상에서 발언하는 일도 삼간다. 물론 개개인의 성향일 수도 있지만 소속사의 주문일 것이다. 정치적, 사회적 이슈에 휘말릴 경우 복잡한 일들이 벌어지기 때문이다.

그럼에도 불구하고 BTS는 주저하지 않은 게 사실이다. 특히 뮤직비디오 〈봄날〉은 세월호참사를 은유한다고 해서 화제가 되기도 했다. 또한 「고민보다 GO」는 티끌 모아 태산이 아니라 티끌은 모아도 티끌일 뿐이라는 자조를 담은 곡이다. 어

차피 모아봐야 티끌이기 때문에 '탕진잼'이라도 누려보자는
게 당시의 세태였다. 가사는 이렇다.

돈은 없지만 떠나고 싶어 멀리로
난 돈은 없지만서도 풀고 싶어 피로
돈 없지만 먹고 싶어 오노 지로
열일해서 번 나의 pay
전부 다 내 배에
티끌 모아 티끌 탕진잼 다 지불해
내버려 둬 과소비해버려도
내일 아침 내가 미친놈처럼
내 적금을 깨버려도
WOO 내일은 없어
내 미랜 벌써 저당잡혔어
WOO 내 돈을 더 써

BTS는 어떻게 이러한 이야기를 자유롭게 할 수 있었을까.
연습생 시절부터 이들은 '나의 이야기'를 할 수 있어야 한다
고 생각했다면서 '나의 이야기'를 풀어낼 수 있는 훈련을 끊임
없이 했다고 한다. 방시혁 역시, 자신은 이들이 하고 싶은 이
야기, 하고 싶은 음악을 마음껏 할 수 있도록 서포트했을 뿐이

라고 말한 바 있다. 마지막으로 BTS는 아미들에게 해석의 여지를 준다. 자신들의 이야기를 하지만 결국 아미들은 자기들 나름의 방식으로 음악을 해석할 수밖에 없는데 이를 극대화하는 게 바로 BTS의 음악이라는 분석이다.

『아이돌을 인문하다』의 저자 박지원은 뮤직비디오 〈봄날〉을 예로 들어 "방탄소년단은 단지 문학작품에서 문장을 차용하는 수준을 넘어 주제 의식을 가져오기까지 한다"고 설명하며 "멤버들은 오멜라스라는 건물 안으로 들어가 파티를 즐긴 후 허무감을 느끼는데 이는 자신들의 행복이 누군가의 희생으로 유지됐다는 것을 깨달았기 때문이다. 특히 시계가 9시 35분에 멈춰있는 장면은 '세월호참사'를 상징한다"고 분석했다.

이 외에도 BTS는 뮤직비디오에 헤르만 헤세의 『데미안』을 비롯해 어슐러 르귄의 『바람의 열두 방향』 등 문학작품을 차용해 아미들에게 상상력을 자극하기도 했다. 이 때문에 아미들은 뮤직비디오가 나올 때마다 BTS가 던지는 메시지를 해석하는 데 몰두하기도 한다고.

이는 '관객성'을 적극적으로 활용한 전략일 수 있다. 방송 등 기존 미디어가 일방적으로 전달하는 매체였다면 SNS는 소통의 매체다. 메시지를 일방적으로 전달하는 게 아니라 관객, 즉 아미로 하여금 나름의 상상과 해석을 하는 피드백이 이뤄지도록 한 것이다. 이 때문에 아미는 더욱 능동적이고 적극적으로 BTS라는 장르를 해석하고 즐길 수 있었던 것이다. 그리고 이러한 과정에서 BTS 자체가 K팝을 비롯해 아미들이 향유하는 문화의 플랫폼이 되었다고 할 수 있다.

독특했던
양준일 팬덤

'1020 사이에서 1990년대 지디로 불리며 인기를 얻어 미국에서 한국으로', '한국에서 인정받지 못했던 비운의 가수에서 한국이 다시 불러들인 가수로', '80년대 그를 사랑했던 팬들을 비롯해 그를 알지 못했던 1030까지 매료', '수많은 고통을 겪었던 중년의 삶에 대한 통찰력 있는 말도 화제돼'…… 가수 양준일을 소개하는 데 따르는 수식어들이다.

2019년 12월 6일 방송된 JTBC 예능 프로그램 〈슈가맨 시즌 3〉 2회 때였다. 제작진이 〈슈가맨 시즌 1〉부터 소환하고 싶었던 이 가수의 등장이 몰고 온 후폭풍은 아무도 예상하지 못했다. 1991년 「겨울 나그네」로 데뷔한 가수 양준일. 1집 타이틀곡보다는 후속곡 「레베카」로 유명했다. 아니, 유명했다기보다는 강력한 마니아 팬들을 보유한 가수였다.

1991년은 1980년대의 연장선상에서 여전히 사회 문화적으로 경직된 시기였다. 가수들이 방송에 출연하려면 방송사에서 사전 심의의 일종으로 면접을 봐야 했을 정도다. 면접에서는 외모가 단정한지 여부가 심의 기준이었다. 지금은 상상하기 어려운 분위기다.

양준일은 베트남 전쟁 중 베트남에서 태어났고 이후 한국에서 자라다가 열 살 때 가족이 미국으로 이민을 가게 됐다. 그리고 모국에서 가수가 되고 싶어 다시 한국을 찾았다. 그런 그에게 한국이 낯설었던 만큼 한국인들에게도 그는 낯설었다. 마이클 잭슨과 같은 미국 팝 가수의 영향을 받은 재미 교포 가수의 예사롭지 않은 몸짓은 기성세대에게 건전하지 못한 미국 문화로 치부됐고, 그에 대한 편견은 혹독했으며 지속적이었다. 젊은 세대에게도 마찬가지였다. 그의 음악과 퍼포먼스는 독특하고 신선했지만 왠지 모르게 거부감이 있었던 것. 지금은 정말 그럴까 싶겠지만 말이다.

대중가요, 대중문화 자체가 우리나라의 경우 미국의 영향을 가장 많이 받았음을 부정할 수 없는데, 과연 과거에 미국 문화를 '저질 쓰레기 문화'로 치부했을까 싶을 것이다. 그러나 당대 최고의 인기를 누리던 가수가 변진섭, 신승훈, 이승환 등 반듯한 이미지의 인물들이었음을 상기한다면 1990년대 초,

시대가 원하는 스타의 상이 양준일은 아니었다고 할 수 있다. 이제는 연예인을 '딴따라'라고 폄하하는 이들은 거의 없고 대중예술인이라고 칭하지만 과거에는 그랬다. 그렇기 때문에 연예인이라고 해도 모범생 같은 이미지를 추구했다. 그래야 방송사 면접도 무난히 통과하고 대중에게 자신을 알리는 기회를 얻을 수 있었다.

그러나 열 살 때 미국으로 건너갔다가 20대에 돌아온 재미교포 양준일은 외모는 한국인이지만 정서나 문화는 미국인이었다. 마이클 잭슨의 노래를 들으며 꿈을 키우던 한국계 미국인이 미국식 퍼포먼스를 선보이는 것은 자연스러운 일이다. 미국에서 향유하던 문화를 한국식 입맛에 맞게 교정했더라면 세련된 재미 교포 가수로 입지를 다질 수도 있었겠지만 양준일은 자신의 '필feel'을 중요하게 여기는 가수였기에 타협하지 않았다.

1990년대 초반 짧게 활동했던 그의 영상들을 보면 지금 봐도 낯설지 않을뿐더러, 여전히 과감하다는 느낌의 평가가 지배적이다. 특히 「댄스 위드 미」의 의상과 퍼포먼스는 걸그룹 '포미닛'의 현아와 보이그룹 '비스트'의 장현승이 프로젝트 그룹 '트러블 메이커'로 활동하던 당시 「내일은 없어」의 뮤직비디오를 본 대중의 반응과 흡사하다. '헉' 소리가 나지만 '멋지다', '끌린다'라는 반응 말이다. 이 뮤직비디오는 그동안 나왔던 그 어떤 영상보다 자극적이었다. 아이돌 그룹의 댄스가 섹슈얼리티, 성적 상징을 담고 있다는 것을 대중은 이미 암묵적으로 알고 있다. 그러나 여전히 잔재하는 방송 심의와 대중적인 정서를 고려해 은근하게 드러냈던 성적 메시지를 현아와 장현승은 과감하게 드러냈다. 은근히가 아니라 대놓고 말이다. 곡명처럼 내일은 없고 단지 오늘 이 순간만 있는 것처럼.

양준일의 파격적인 퍼포먼스에 어색해했던 대중의 반응은 어쩌면 당연하다. 뮤직비디오 키스신마저도 입술이 닿을 듯 말 듯 하다 카메라가 페이드아웃을 하거나 장면 전환을 해서 두 사람이 키스했을 것이라는 상상력으로 마무리하게 하는 시대였기 때문이다. 그리고 그의 의상. 이 역시 어디에서도 보지 못한 패션이었다. 남성 가수들은 정장을 입거나 청바지에 단정한 셔츠를 입는 게 정석이었다. 그런데 여자나 입을 것 같은 하늘하늘한 꽃무늬 패턴의 블라우스, 구소련 군인의 롱코트, 폴로 랄프로렌 창업자가 라이딩을 할 때 입으려고 만들었던 한정판 가죽 재킷, 정장 반바지, 머리띠, 네이비 롱코트에 오렌지색 커다란 스카프, 빨간색 롱코트에 뿔테 안경, 헐렁한 바지와 셔츠의 힙합 스타일 등 그가 활동 당시 입었던 의상들은 지금 입어도 전혀 촌스럽지 않다. 다만 당시 대중들의 눈에는 낯설었다는 게 문제다. 지금이야 '왜 양준일의 음악, 패션, 퍼포먼스에 거부감을 느끼고 그를 배척했을까' 의아하게 여기지만 누구나 안정감을 추구하기 마련임을 고려한다면 당시 대중이 이해가 안 가는 것도 아니다.

낯선 대상은 내게 어떤 영향을 미칠지 모르니 처음에는 배척할 수밖에 없다. 나 자신의 안전을 위해서 말이다. 그리고 설사 그 낯섦이 좋다 하더라도 침묵할 수밖에 없다. 우리는 다수 안에 속했다는 것에 안도감을 느끼기 때문이다. 남들이 배척하는 대상에 대해 애정을 표현하는 일은 아마도 과거에는 더욱 어려웠을 것으로 보인다.

현재는 내가 좋아하는 연예인을 공개하는 것이 부끄럽지 않은 세상이다. 그 연예인이 독특하더라도 그리고 다소 문제가 있더라도 말이다. 여기에서 더 나아가 강력한 팬덤이 작용해, 마니아에게만 인기 있던 연예인들을 적극적으로 홍보하여 보다 많은 대중에 노출시키는 영향력을 행사하는 시대가 됐다. 물론 팬덤이 영향력을 행사할 수 있었던 배경에는 세대의 변화와 함께 SNS의 발달이 전제가 됐다.

양준일이 활동하던 시기에 연예인과 팬이 만날 수 있는 통로는 오직 텔레비전, 라디오, 공개방송, 신문, 잡지, 콘서트뿐이었다. 자유로운 소통이 가능하지 않았고 매체가 스타들의 이야기를 들려주면 팬들은 수동적으로 받아들이는 정도에 머무를 수밖에 없었다. 1990년대부터 SNS가 발달했다면 과연 양준일은 비운의 마니아 재미 교포 가수가 됐을까? 역사에서 가정은 불필요하지만 그래도 만약 그랬다면 어땠을까라는 생각을 해본다.

양준일을 소환할 수 있었던 데 SNS의 힘이 막강했던 건 사실이지만, 그보다는 달라진 팬들의 성향이 더 주효했다고 본다. 양준일이라는 가수는 과거 그를 좋아했던 팬들의 마음속에 남아 있었다. 그러나 그가 이들과는 전혀 다른 세대들을 매료시키면서 상황은 달라졌다. 복고 열풍으로 1990년대 음악이 다시금 주목을 받으면서 온라인상에서는 '탑골공원'이 인기를 끌었다. 1990년대 그때 그 시절을 그리워하던 30대 이상이 주요 이용자였으나 레트로 감성이 점점 확산되면서 1990년대 이후 태어난 1020세대 사이에서도 화제가 됐다. 이들에게 1990년대는 기억에도 없는 아득히 먼 시대임에도 불구하고 자신들이 아는 아이돌 그룹 빅뱅의 멤버 지디를 꼭 닮은 양준일이라는 가수를 발견하고서 바로 그들의 '디지털 놀이' 대상으로 끌어들였던 것이다. 1990년대 시대상을 반영하는 영상 등의 자료를 접할 때는 뭔가 화끈거리는 느낌이 일 정도로 촌스럽고 경직됐지만 그 시대를 살았음에도 현재를 살고 있는 듯한 양준일을 퍼 나르면서 말이다.

지디를 닮은 '1990년대형' 양준일은 이렇게 SNS를 타고 당시 그를 좋아했던 팬들에게 다시 소환되었다. '재미 교포 저질 가수'에서 '시간여행자', '20세기 지디'로 양준일은 30년 만에 대중에게 재평가됐다. 그를 좋아했던 팬들부터 시작해 그를 외면하고 배척했던 대중에 이르기까지 그의 모든 것이 재평가되면서 그야말로 신드롬을 일으켰다.

그리고 그의 소환과 컴백에는 단지 스타를 좋아하는 수준에 머물렀던 '팬심'이 아닌, 사회적으로 영향력을 행사하는 적극적인 의미의 '팬덤' 개념이 작용했다. 팬심에 머물렀던 소극적인 개념이 여전했다면 과연 양준일이 재평가됐을까.

〈슈가맨〉에 출연한 그는 1969년생이라는 나이가 무색할 정도의 퍼포먼스를 선보이면서 등장해 다시 한번 대한민국을 놀라게 했다. 더불어 대중에게 더 놀라움을 안겨주었던 건 바로 그가 지내온 힘겨운 삶과 그럼에도 불구하고 '선함'을 잃지 않은 '어른의 모습'이었다. 한국어에 서툴렀기 때문에 겪었던 어려움과 후진적인 매니지먼트 산업에서의 고달팠던 삶에 대해 그는 담담하게 털어놓았다. '20대의 나'에게 해줄 말이 있냐는 사회자의 질문에 내놓은 대답 역시 소박하고 단순했지만, 대중은 힐링됐다.

"네 뜻대로 아무것도 이뤄지지 않는다는 걸 내가 알아. 하지만 걱정하지 마. 모든 것은 완벽하게 이루어질 수밖에 없어." 어딘가 묵직한 울림을 준 그의 말에 공감하지 않는 이 있을까. 방송이 나간 후 양준일은 미국에 머물다 곧 다시 한국으로 돌아왔고, 화려하게 컴백을 했다. 2019년 12월 31일, 그러니까 2019년 마지막 날 그는 생애 처음 기자 간담회에 참석했고, 팬미팅을 열었다.

이 날짜는 매우 의미심장하다. 여기서 또 비과학적이지만 운명이라는 게 작용했다. 2019년 12월 말까지만 해도 아무도 2020년이 전 세계의 암흑기가 되리란 걸 예측하지 못했다. 2020년 1월 말 중국 우한에서 시작된 신종 코로나바이러스 감염증이 전 세계를 멈추게 할 거라는 사실을. 조금만 더 늦었다면 양준일은 또다시 묻혀 영영 찾을 수 없는 '슈가맨'이 됐을지도 모를 일이다.

2019 양준일 신드롬의 이유:
'별종' 아닌 '변이' 세대
MZ세대가 소환한 양준일

2018년 출간된 『90년생이 온다』는 현재까지도 베스트셀러다. 문재인 대통령이 청와대 직원들에게 선물해 화제가 된 책이기도 하다. 문 대통령뿐만 아니라 40대 이상에게 1990년대생들은 이해하지 못할 신인류로 여겨진다. 세대론으로 한 세대를 규정하는 것은 무모하고 과학적이지도 합리적이지도 않다지만 기성세대의 90년대생에 대한 생각은 하나같이 일치한다. '전혀 이해가 가지 않는 세대'.

서태지 음악을 들으며 자유로움을 추구했던 X세대(1970년대생)는 말이 통하고, 1980년대생이 퍽 이해가 가는 것은 아니지만 그래도 시키면 눈치껏 하는 시늉이라도 하는 세대인데, 1990년대생은 말도 통하지 않고, 눈치도 보지 않는다는 것이다. 도대체 어떻게 저렇게 사회생활을 할 수 있을까, 과연 가정교육은 제대로 받은 것인지, 학교에서는 무엇을 배웠는지 이해가 가지 않는다는 게 기성세대가 바라보는 90년대생이다.

그래서 급기야 기성세대는 책으로라도 90년대생을 공부하기로 결심했다. 책은 불티나게 팔려나갔다. 대체 90년대생들이 왜 이러는 거지? 그들은 어떤 생각을 하는 걸까? 이러한 의문이 아마도 책을 베스트셀러로 만든 힘이 아닐까 싶다.

과거에는 아래 세대가 윗세대를 배웠지만 이제는 거꾸로, 윗세대가 아래 세대를 배우는 시대가 된 것이다. 어째서 이런 역전 현상이 벌어졌을까. 해답은 권력의 해체다. 정확히 말하자면 권력을 인정하지 않는 세대가 바로 90년대생이라는 얘기다. 권력을 인정하지 않으니 권위도 그들 앞에서는 소용이 없다. 그저 '꼰대짓'일 뿐이다. 그렇다면 90년대생들은 왜 직장 상사라는 권력과 권위 앞에서 초연한 것일까. 이유는 이들이 완전히 다른 유전자를 가져서가 아니다. 사회, 경제 구조가 변했기 때문이다. 생존 본능이 작동했을 뿐이다.

1997년 IMF 구제 금융에 대해, 대한민국의 모든 것을 송두리째 바꿔놓은 사건으로 평가하는 데 주저하는 이들은 없다. 1997년 이전까지만 해도 정규직과 비정규직이라는 의미가 존재하지 않았다. 그리고 처음 입사한 회사에서 정년퇴직을 하는 게 보통이었고, 평생직장의 의미가 강했다. 그러나 IMF로 인해 탄탄한 직장의 대명사였던 은행 등 금융권에서부터 구조조정이 시작됐고, 정규직과 비정규직이라는 일종의 '신분'이 생겨나게 됐다. 평생직장이 이때부터 사라지기 시작하지만 그래도 회사에 대한 로열티(충성도)는 강했다.

그리고 2008년 다시 한번 우리 사회가 격변하는 사건이 발생한다. 이 역시 경제 사건이다. 미국발 글로벌 금융위기가 바로 그것. 서브프라임 모기지가 그 원인이었다. 서브프라임 모기지는 미국의 부동산 금융 상품 중 하나로, 신용이 우수하지 않은 이들에게도 주택자금 대출이 가능한 게 특징이다. 영화 〈빅 쇼트〉에서 글로벌 금융위기를 정확하게 예측한 투자로 천문학적인 돈을 번 마이클 버리(크리스찬 베일), 그가 글로벌 금융위기를 예측한 근거는 시장이었다. 집 여섯 채를 빚으로 산 스트리퍼와 같은 이들의 수가 엄청나다는 것을 알고 대출 부실이 키울 위험을 예측했다.

1997년 IMF, 2008년 글로벌 금융위기, 이 두 사건이 우리의 경제 구조는 물론 사회 전반을 변화시키는 주요 원인이 됐다. 여기서 두 사건 모두 '경제'에 포인트를 두고 있다는 점을 주목할 필요가 있다. 평생직장, 정규직의 의미가 두 경제 사건을 겪으면서 거의 희미해졌고 이러한 가운데 청년 실업은 점점 악화됐다.

2020년 9월 한국경제연구원 발표에 따르면 최근 10년 동안 경제협력개발기구(OECD) 국가들의 청년실업률 평균은 줄었지만 우리나라는 오히려 증가했다. 2009년부터 10년간 OECD 국가들의 청년고용지표를 살펴보면 OECD 국가들 평균이 4.4%포인트 감소하는 동안 우리나라는 오히려 0.9%포인트 증가했다. 이로써 우리나라 청년실업률 지표는 OECD 37개국 중 2009년 5위로 양호한 편이었지만 2019년에는 20위로 15계단이나 대폭 떨어졌다. 특히 글로벌 금융위기 이후 재정위기를 겪은 그리스와 이탈리아 다음으로 악화됐다.

청년 취업이 점점 어려워지고 있으며, 어렵게 입사한다고 해도 승진 등을 꿈꿀 환경이 뒷받침되지 않는다는 사실을 90년대생들은 그들이 10대가 되기도 전에 이미 알고 있었던 것이다. 부모 세대는 직장에서 열심히만 하면 어떻게든 정년이 보장됐기 때문에 상사, 동료와의 관계가 중요했다. 그러나 언제든 스스로 떠날 수 있고 또 떠나보낼 수 있는 고용의 유연화는 90년대생들이 직장, 상사, 동료에게 친밀감, 충성심을 가질 이유가 없다는 의미를 내포하고 있기도 하다. 90년대생들은 이전 세대들과 전혀 다른 '별종'이 아닌 사회 경제 구조의 변화에 따라 생존을 위해 변화한 '변이'인 것이다.

그렇다면 이러한 90년대생들의 특징과 '양준일 신드롬'은 무슨 관련이 있나. 이 물음에 대한 답을 하기 위해 IMF와 글로벌 금융위기를 언급한 것이다. 권력과 권위를 인정할 필요가 없는 세대들에게 양준일 같은 어른이 오히려 멘토로 떠올랐다. 자신들이 태어난 시대에 활동했지만 지금 봐도 촌스럽지 않은 그 '힙한' 모습에 이끌렸다. 힘겨운 삶을 살았음에도 희망을 잃지 않은 모습, 어른이라는 이유로 가르치려 들지 않고 오히려 자신의 치부를 솔직하게 드러내 공감을 이끌어내는 모습이 바로 그들이 원하는 멘토의 상이었던 것이다.

양준일에 대한 이들의 태도는 그 한 사람에게만 국한된 것이 아니었다. 출판 시장을 주도하는 세대는 2030인데(물론 구매력이 가장 높은 연령대는 40대 이상 여성이다. 그러나 이는 주로 자녀들을 대신해서 학습서를 구매하기 때문에 오는 착시 현상으로, 학습서를 제외하고 이들이 출판 시장에서 차지하는 비중은 적다), 이들은 혜민 스님('풀소유' 등 논란으로 이제는 언급하기가 껄끄러운 인사가 됐지만 『멈추면 비로소 보이는 것들』을 비롯한 베스트셀러 작가이자 국민 멘토로 한때 가장 영향력 있는 인물이었다), 『아프니까 청춘이다』의 김난도 등 묵직한 울림과 메시지를 전하는 멘토들의 책을 외면했다. 대신 '공감'할 수 있는 대상을 멘토로 삼았다. 그것이 곰돌이 푸가 됐든, 이상한 나라의 앨리스가 됐든, SNS 작가가 됐든 상관없다. 내 아픔과 슬픔, 고달픔을 쉬운 말로 공감해주고, 자신의 약점도 드러내는 그러한 존재들로부터 힐링을 받았던 것이다.

다시 본론으로 돌아가서 1990년대생들이 '탑골공원' 영상이 아닌 '리얼'로 만났던 양준일에 대해 살펴보자. 우선 1990년대생들은 양준일로부터 동질감을 느꼈을 것이다. 그는 JTBC 예능 프로그램 〈슈가맨〉이 따온 영화 〈서칭 포 슈가맨〉과 가장 가까운 인물이라는 평가를 받는다. 1970년대를 배경으로 한 영화 〈서칭 포 슈가맨〉은, 미국에서 음반 판매가 단 6장에 그칠 만큼 아무도 알아주지 않는 가수였지만 남아프리카공화국에서 슈퍼스타가 된 가수 식스토 로드리게스의 이야기를 담고 있으며, 두 장의 앨범을 내고 홀연히 사라진 로드리게스의 삶을 추적한다.

미국에서는 무명이었으나 남아공에선 밀리언셀러 히트 가수이자 엘비스 프레슬리보다 유명한 스타가 된 로드리게스. 그의 삶에서도 역시 팬덤의 영향력이 확인된다. 알아봐주는 곳, 팬덤이 있다면 아티스트로서의 삶은 언젠가는 다시 소생한다는 것.

그렇다면 양준일과 1990년대생의 공통점은 과연 무엇이란 말인가. 바로 '소수자'이자 '이방인'이라는 것이다. 로드리게스는 1942년생으로 히스패닉계 가정 출신이다. 현재 미국 인구의 인종 비중은 여전히 백인이 다수를 차지한다. 로드리게스가 활동하던 1970년대는 백인의 비중이 압도적이었기 때문에 그는 당시 진정한 소주 민족이었다.

물론 미국 내 백인의 비중은 점점 줄어들 것이라는 전망이 우세하다. 지난 2020년 6월 25일(현지 시간) 미국 의회전문매체 '더힐' 등에 따르면 이날 미 인구조사국이 발표한 2019년 센서스 결과, 16세 이하 세대에서 비백인과 히스패닉을 합친 인구가 과반 이상인 것으로 나타났다. 백인이 미국의 16세 이하 인구에서 처음으로 소수 민족이 된 것이다.

또 전체 미국 인구에서 백인이 차지하는 비율은 60.1%로, 1790년 관련 통계 작성 이래 230년 만에 가장 낮은 수치다. 아시아인과 히스패닉 인구는 급증하는 반면 백인의 출산율은 계속 떨어지고 있기 때문에 이러한 현상이 나타난 것으로 보인다. 지난해 전체 미국 인구(3억2,823만 명) 중에서는 백인이 60.1%였고, 히스패닉이 18.5%, 흑인 13.4%, 아시안 5.9% 순이었다.

미국 언론은 65세 이상을 제외한 모든 세대에서 변화가 나타나고 있어, 25년 이내 미국에서 백인은 소수 민족이 될 것이라고 예측하기도 했다. 이러한 예측이 적중하리라는 시그널은 지난해 치러진 미국 대선에서 나타났다. 유색인종에게서 전폭적인 지지를 받은 조 바이든이 '백인우월주의자'인 트럼프에 압승을 거둔 것. 비록 개표 과정과 대통령 당선자로 확정되기까지 지난한 시간들이 있었지만 결국 바이든은 미국의 46대 대통령이 됐다.

1990년대생들은 국내 전체 인구에서 소수 민족에 가깝다. 이들은 분명 기성세대들과 다른 가치관을 가졌기 때문에 또한 낯선 존재이기도 하다. 이해받고 인정받고자 노력하기보다는 '마이웨이'를 택한 이들에게서 20대의 양준일, 1970년대의 로드리게스가 오버랩되는 이유다.

　　물론 양준일을 끄집어낸 1020세대들이 '소수 민족(물론 인종으로 그렇다는 이야기가 아니라, 연령대별 인구에서 차지하는 비중으로서의 소수라는 의미다)'이기 때문에 1990년대 한국 사회에서의 소수자이자 이방인이었던 재미 교포 가수에게 동질감을 느꼈다는 의미는 아니다. 이들이 양준일에 대한 정보를 그다지 많이 알고 있었던 것은 아니기 때문이다. 그저 '온라인 탑골공원'에서 우연히 옛날 음악 방송을 봤는데, 아이돌 그룹 빅뱅의 '지디'를 닮은 옛날 가수를 발견하고 SNS로 열심히 퍼날랐을 뿐이다. 그러나 이것이 그저 우연이라고 할 수만은 없다. 지디를 닮아서 신기하기도 했지만, 자신들이 태어난 시대에도 자신들이 공감할 수 있는 패션과 음악을 하는 '꼰대 세대'가 있다는 데에 그들은 아마도 경외감을 느꼈을 것이다. 그 옛날 가수에게 자신들의 현재 모습이 투영됐기 때문일지도 모르겠다.

　　기성세대와 전혀 다른 가치관을 가진 그들은 여전히 사회적 관습에 답답함과 갑갑함을 느끼고 있을 것이다. 우리는 다른데 우리가 아닌 다수는 우리를 인정하지 않는다는 것에 대하여. 자유롭고 싶은데 자유로울 수 없는 상태에서 우연히 발견한 '1990년대 지디' 양준일로부터 그들은 일종의 해방감을 느꼈을 것이다. 경직된 1990년대 한국 사회에 '그래도 난 내 필(느낌)대로 옷을 입고, 노래하고 춤을 춘다'라는 메시지를 온몸으로 던지는 그에게서 해방감을 넘어선 카타르시스를 느꼈으리라.

시대가 알아주지 않았던 양준일은 2019년이 돼서야 대중에게 투명인간이 아닌 '아티스트'로 재평가됐다. 그가 30년이라는 공백을 깨고 방송에 출연한 것만으로는 화제가 되지 않는다. 30년이라는 공백을 기억하는 이들 역시 그와 마찬가지로 소수였던 그의 팬들뿐이기 때문이다. 정작 그를 소환한 1020세대야말로 새로운 스타를 만나는 자리였던 것이다.

과거 영상으로만 존재하던 양준일이 실제로 대중 앞에 나타난 모습은 소박했고 겸손했다. 그의 태도는 곧바로 팬덤에 강력한 화력을 만들어내는 트리거가 됐다. 방송 출연 결정을 쉽게 하지 못한 이유는 단순히 잊힌 가수이기 때문도, 한국에서의 아픈 상처 때문도 아니었다. 매일매일 일을 해야만 집세, 전기요금 등을 낼 수 있는 상황이었기 때문. 하루라도 자리를 비우면 그 자리는 다른 인력으로 대체가 가능했다. 그는 미국의 식당에서 서빙 일을 하며 생계를 유지하고 있었다.

출연을 망설였지만 〈슈가맨〉을 제작한 JTBC로부터의, 한국행 비행기 티켓을 비롯해 체류 비용 일체를 지원하겠다는 약속, 그리고 그가 일하던 식당 사장인 '써니 누나'의 일자리를 지켜주겠다는 약속이 그의 마음을 움직였다고 한다. 하지만 이것은 그야말로 현실적인 이유였고, 그가 출연을 결심한 또 다른 이유가 있었다. 바로 팬. 현재는 회원 수 6만 명 이상이 된 팬클럽 '판타자이'의 팬들과 만나고 싶다는 것이 한국행을 마음먹은 가장 큰 이유였다. 현재의 규모는 아니지만 팬클럽이 생긴 이후로 그는 팬들과 줄곧 소통하고 있었다. 한국에 오면 같이 차도 마시고 밥도 먹겠다는 약속을 했고 그는 이 약속을 지키고 싶었던 것이다.

방송에 출연해 그가 털어놓은 굴곡진 삶의 이야기는 충격적이기도 했지만 담담한 그 모습에 시청자들은 어느새 공감대를 형성했다. 재미 교포로서 말이 통하지 않아 어려웠던 점, 콘서트를 앞두고 비자 연장이 되지 않아 급하게 미국으로 돌아가야 했던 일, 「판타지」라는 노래가 드라마에 삽입되면서 커다란 인기를 끌어 재기에 성공할 것 같았지만 결국 다시 잊히고 말았던 2001년 봄의 일들은 '뜻대로 계획대로 안 되는 인생'의 전형이었다. 이뿐만이 아니었다. 한국말이 어눌해 예능 프로그램 진행자에게 면박을 받은 일도 있고, "너 같은 놈이 한국에 있는 게 싫다"며 출입국관리사무소 공무원이 비자

연장을 거절했다고도 했다. 재기의 꿈을 짓밟아버린 매니지 먼트 계약 등의 일들도 겪었다. 그럼에도 불구하고 그는 원망하지 않는다고 했다. 이 밖에 그가 방송 중 쏟아낸 말들은 소박한 명언이 돼 실시간 검색어 순위를 장악하기도 했다.

〈슈가맨〉 출연 이후 가진 팬미팅 직전 기자간담회에서 그는 기자들의 질문에 이렇게 대답했다. "모든 것은 완벽하게 이루어질 수밖에 없다고 말했던 건, 인생에서 원하는 것, 그것을 내려놓으면 결국 마무리가 된다는 뜻이었다. 예를 들어 K 팝 스타를 꿈꿨다면, 그걸 내려놓고 현실을 받아들여야 모든 게 끝난다는 뜻이었다. 10대 때 내가 무얼 원했는지 기억이 나지 않고, 지금은 더 이상 그걸 원하지 않는 것처럼. 마찬가지로 20대에 원하던 것을 현재는 원하지 않는다. 지금 원하는 걸 앞으로도 영원히 원하는 건 아니라는 것, 또 갖고 싶은 걸 갖는다고 다른 걸 원하지 않는 것도 아니라는 것, 다 내려놓으면 고생을 덜 해도 된다는 걸 말하고 싶었다. 지금 너무 신기한 건 더 이상 원치 않으니까 그 꿈이 이뤄졌다는 거다. 너무 신기하다. 이렇게 될 거라곤 아무도 예상을 못 했다."

현학적인 멘토의 그 어떤 세련되고 우아한 말보다 경험에서 우러나온 진심 어린 고백이 많은 이들의 마음을 움직였다. 존재감에 대한 고민 역시 양준일과 1020세대의 공통점이라고 할 수 있다. 낯선 존재로 여겨지는 이들이 가장 갈망하는 것, 그것은 역시 누군가가 나를 알아봐주는 것, 나를 인정해주는 것이다. 양준일은 이러한 고민 또한 그 특유의 소박한 언어로 들려줘 커다란 공감을 얻어냈다.

2019년 12월 25일 〈JTBC 뉴스룸〉 문화초대석에 출연했을 당시 손석희 앵커가 팬미팅을 위해 한국에 돌아올 때는 어땠냐고, 이번에도 "교포가 싫다" 같은 이야기를 들었냐고 묻자 그는 "이번에는 부드러운 끄덕임으로 들어왔다"며 활짝 웃어 보였다. 이어 천진난만하게 인천 공항에 도착했을 때의 상황에 대해 들려주면서 마치 어린아이처럼 들떠 이렇게 말했다.

"비행기 안에서 '인천 공항에 도착했습니다'라는 말을 들었을 때 와이프하고 제가 '와' 하고 박수를 쳤어요. 너무너무 기뻐서요. 꿈같았어요. 그리고 공항에 내렸을 때 놀랐어요. 몇 분이 저를 아시는 게 아니라 거의 모든 분들이 알아봤어요. 택시를 탔는데 기사님이 자꾸 거울을 보시더라고요. 제가 '슈가맨' 맞는다고 하니, 바로 내비게이션을 끄고 〈슈가맨〉 영상을 틀어주면서 매일 본다고 하셨어요. 그리고 사인을 부탁하셔서 해드리고 사진도 같이 찍을 수 있다고 말씀드린 후 내려서 사진도 같이 찍었어요."

그리고 더 이상은 대한민국에서 '투명인간'이 아니라는 것을 느꼈던 순간의 소회에 대해서도 그 특유의 화법으로 감동을 자아냈다.

"앵커 브리핑을 보고 많이 울었어요. 〈슈가맨〉에 나와서 제 이야기를 하는 것은 슬프지 않았어요. 현실이라서. 제가 울었던 이유는 이런 것 같아요. 제가 만약 어머님에게 '엄마, 동생이 내 자전거를 타고 안 돌려줘'라고 화가 나서 말했는데 엄마가 '네가 참아'라고 하면 더 화가 나요. 그런데 엄마가 '네 동생이 자전거도 맘대로 쓰고, 네가 텔레비전을 보고 있을 때 마음대로 채널을 돌리고, 옷도 마음대로 쓰고 있구나'라고 말해주면 그때는 이미 자전거는 잊어버리게 돼요. 누군가 나를 봐주고 있구나라는 생각에. 사장님이 저를 표현해주셨을 때 저는 사장님 눈에 제가 보인다는 느낌이 들었어요. 살면서 투명인간이라는 느낌을 많이 받았어요. '내가 왜 존재하나?'라는 퀘스천마크가 굉장히 컸는데, 그것을 사장님이 녹여줬어요. 대한민국이 저를 바라봐줘서, 더 이상 과거가 저를 괴롭히지 않아요."

또 고단했던 20대와 30대 그리고 40대의 양준일을 그 자신은 이렇게 돌아봤다.

"제 표정은 한마디로 초크 먹은 표정이었어요. 롤러코스터를 타는 것 같았어요. 그리고 쓰레기를 많이 버려야 하는 상황이라고 생각했어요. 나의 과거를 보면 꼭 그게 나의 미래로 이어간다는 생각이 들었거든요. 그래서 자꾸 '버려야지, 버려야지'라는 생각을 했어요. 행복하기 위해서 불행한 것을 버려

야 하는 것처럼. 나 자신에 대한 편견을 버리는 것을 생활처
럼 했어요. 다 버리고 나니 남는 것은 일단 공간이었어요. 이
공간을 나의 과거로 채우지 않는 게 목표인데 자꾸 돌아와서
또 자꾸 버리게 됐어요."

♪ 계단 말고 엘리베이터~

터벅터벅 그 걸음으로 어느 세월에 내게 오나요

저 푸른 하늘 새들처럼 날개를 달고 와야죠 ♬

Part 3

임영웅은 어떻게 '중년 여성들의 BTS'가 되었나

칠순 할매도
'스밍질' 배우고 '덕질'하게 한
트로트 열풍

2020년을 설명하는 키워드는 단연 신종 코로나바이러스 감염증이다. 그리고 또 하나를 꼽자면 '트로트 열풍'이라고 할 수 있다. 텔레비전 채널을 돌릴 때마다 트로트 가수들이 나와 노래를 불렀다. 그런데 기존에 우리가 알았던 장윤정, 박현빈 등 젊은 트로트 가수가 아니었다. 남진, 나훈아, 설운도, 송대관 등도 아니었다. 옛날 트로트를 부르는 젊은 트로트 가수, 임영웅, 영탁, 이찬원, 김호중, 장민호, 김희재, 나태주, 정동원 등이 바로 그 주인공들이다.

2019년 2월 28일 TV조선에서 방송된 〈미스 트롯〉이 그 시작이었다. 〈미스 트롯〉은 이후 송가인이라는 무명의 가수를 스타덤에 올려놓는다. 송가인뿐만 아니라 그의 어머니인 무형

문화재 진도씻김굿 전수교육조교 송순단 여사, 그리고 아버지까지 커다란 주목을 받았다. 예능 프로그램 〈아내의 맛〉에 출연한 송가인 가족은 숨기고 싶을 법한 가족사를 진솔하게 털어놓고 화기애애한 모습을 보여줘 감동을 자아냈으며, 더욱이 송가인은 이러한 가족 예능을 통해서도 인기를 입증했다.

하지만 〈미스 트롯〉의 경우는 이후 방송된 〈미스터 트롯〉에 비해 가수들의 TV 프로그램 장악력이 다소 부족했다. 우승에 해당하는 진眞을 수상한 송가인을 제외하고 각각 선善과 미美를 차지한 정미애, 홍자 등은 여전히 주류라고 할 수 있는 TV 매체보다는 행사 위주로 인기를 이어갔다. 중기중앙회의 노란우산공제를 비롯해 샴푸, 생활 스포츠 의류 브랜드, 통신사 등 수많은 광고에 출연한 것은 송가인뿐이다. 〈미스터 트롯〉의 진선미에 오른 임영웅, 영탁, 이찬원뿐만 아니라 김호중, 장민호, 김희재, 정동원, 나태주 등 결선 출연자 대부분이 커다란 인기를 끌었던 남성 트로트 가수와는 대조를 이룬다.

이는 아이돌 팬덤에서도 동일하게 나타난 젠더 편향성이 그대로 재현된 것이라고 할 수 있다. 걸그룹보다 보이그룹의 팬덤이 더욱 강력하고 지속적이라는 데 있어서 말이다. 또한 여성 가수 팬의 대부분이 남성이고, 남성 가수 팬의 대부분이 여성이라는 점과 이들 팬들의 연령대가 50대 이상이라는 점 역시 트로트 여가수에 대한 화력을 약하게 한 요인이라고 볼 수 있다. 그리고 〈미스 트롯〉의 인기에 힘입어 탄생한 〈미스터 트롯〉 자체가 여성 트로트 가수의 인기를 제한한 셈이 되었다. 처음에는 〈미스 트롯〉의 아류, 전작의 인기에 영합한 '나태한' 프로그램이라는 혹평이 나왔지만, 회를 거듭할수록 인기가 더욱 높아지면서 초기의 비난은 사라지고 상황은 신기하게도 프로그램과 가수에 대한 호평 일색으로 변해갔다.

출연 가수들의 흡인력만으로는 2020년을 강타한 〈미스터 트롯〉의 인기를 설명하기 불가능하다. 〈미스터 트롯〉의 인기를 설명하는 데는 '코로나 19' 상황을 빼놓을 수 없다. 코로나 19로 인해 여러 가지 여건상의 제약으로 〈미스터 트롯〉의 인기가 오히려 더욱 폭발력을 발휘했기 때문이다. 코로나 19가 심각한 상황으로 치닫기 전에 이미 인기를 얻은 프로그램과 가수들은 타 프로그램들의 정상적인 제작이 어려워지자 운 좋게도 이 자리를 차지하게 된 것이다. 시청자와 팬의 주 연령대가 50대 이상인 점도 프로그램에 대한 높은 충성도가 보장된 데다 달리 마땅히 볼 프로그램이 부재했던 점 역시 〈미스터 트롯〉에는 호재가 됐다.

실제로 〈미스터 트롯〉은 2회부터 시청률 17.9%를 찍으며 매회 기록을 경신했다. 3회는 다소 떨어진 17.7%였지만 이 역시 상당히 높은 수치다. 지상파를 비롯해 케이블 채널 드라마의 '대박' 시청률이 15% 정도이기 때문이다. 4회부터 탄력을 받기 시작한 〈미스터 트롯〉은 20%에 육박하는 19.7%의 시청률을 기록했고 5회부터는 20%를 넘어섰다. 5회 25.7%, 6회 27.5%, 7회 28.1%를 기록하다가 마침내 '마의 시청률'인 30%까지 넘어서게 된다. 8회 30.4%, 9회 32.7%, 10회 33.8%였으며, 11회 때는 35%를 넘긴 35.7%를 기록하는 그야말로 '초유의 사태'가 벌어졌다.

〈미스터 트롯〉의 인기가 '신드롬급'에 달했지만 과연 시청률 30%를 넘길 것인가에 대해서는 회의적인 시각도 있었다. 미디어 환경이 변한 요즘 '본방사수'는 '찐팬' 아니고서는 할 수 없는 '팬질'이기 때문이다. 그런데 〈미스터 트롯〉은 이것을 해내고야 말았다. 이유는 앞서 분석한 코로나 사태와 이로 인한 제작 및 시청 환경, 충성도 높은 연령대가 다수를 차지한 팬덤이다.

〈미스터 트롯〉 최종회에서 임영웅, 영탁, 이찬원이 각각 진선미를 차지하며 스타덤에 올랐고 김호중, 장민호, 정동원, 김희재를 비롯해 그 밖의 출연자들 상당수가 인기 스타로 발돋움하여 프로그램 종영 후에도 활발한 활동을 이어가고 있다. 뿐만 아니라 이들을 활용한 예능 프로그램 〈사랑의 콜센타〉, 〈뽕숭아학당〉 등이 잇달아 제작됐다. 이 때문에 '너무 트로트만 나온다'라는 시청자들의 원성 아닌 원성도 있었지만, 트로트 서바이벌을 가장 먼저 시작한 TV조선 외에도 타 방송사에서 비슷한 포맷의 트로트 프로그램을 제작하기에 바빴다.

MBN은 〈보이스 트롯〉, KBS는 〈트롯 전국체전〉, MBC는 〈트로트의 민족〉, SBS는 〈트롯신이 떴다〉를 각각 선보였다. '트로트, 이제 지겹다'라고 해도 시청률은 언제나 10%가량을 오르내리며 '선방'하기에 방송사들도 트로트 프로그램을 제작할 수밖에 없는 실정인 것이다.

트로트가 K팝의 대세로 떠오르자 SM, JYP, YG에 이어 '빅4' 엔터테인먼트사 중 하나인 FNC 엔터테인먼트는 2021년 2월 전문 레이블 체제로 개편하면서 걸그룹 전문 레이블 'FNC W', 트로트 전문 레이블 'FNC B'를 설립했다.

씨엔블루, AOA, FT아일랜드 등 아이돌 중심 매니지먼트 사인 FNC가 트로트 장르에 뛰어드는 것은 매우 이례적인 일인데, 이는 트로트가 K팝의 한 장르로 인정받았기 때문인 것으로 풀이된다. FNC B는 FNC와 음원 스트리밍 전문 기업인 NHN벅스의 자회사 하우 엔터테인먼트가 각각 50%씩 지분을 소유한 합자회사다. "FNC B는 트로트가 세대를 아우르는 대표 음악 장르로 당당히 자리매김하고 있는 최근의 트렌드에 맞춰 트로트 음악 산업에 적극 진출할 예정"이라고 FNC는 밝혔다. FNC와 벅스의 협업을 통해 음반 제작과 유통, 매니지먼트가 모두 가능한 올인원 시스템을 구축하게 된 FNC B는 왕성하게 활동하고 있는 기성 가수 영입과 함께 신인 가수 발굴 육성에도 속도를 낼 계획이다.

'신중년'들은 왜
젊은 트로트 가수에
꽂혔나

"우리 엄마가 '덕질'을 하듯 〈뽕숭아학당〉을 보고 있는데 그동안 못 보던 모습이다."

"엄마가 콘서트 티켓을 직접 예매했다. 옛날에는 예매를 해 달라고 하셨는데 이제는 직접 예매도 할 줄 아시는 거다. 너무 놀랍다."

"엄마가 '스밍질'을 배우고, '총공'을 하고, 팬카페에 가입도 했다. '굿즈'까지 구입했다."

〈미스터 트롯〉에 '꽂힌' 신중년들도 다르지 않았다.

아이돌 팬들은 '오빠'가 나오는 프로그램을 비롯해 몇 년치 일정을 꿰고 있다. 새 앨범 음원이 나오는 날은 '스밍질'을 시작해서 음원 차트 1위에 올려놓고, 검색어 1위에 오르도록 '미친 듯' 검색창에 '오빠' 이름을 넣고 '클릭클릭 또 클릭'. 엄마에게 콘서트 예매해달라고 하면 안 해주니까 직접 통장을 개설해서 콘서트 티켓을 예매하는 10대. 굿즈를 사 모으며 즐거워하는 1030.

트로트 가수의 팬들은 대부분 50대 이상이지만 그들 역시 10대 팬들과 다르지 않은 모습이다. 어른들의 그런 모습이 낯설고 생경하여 '우리 엄마가 왜 그럴까?' 의아해하는 사람들도 처음엔 상당했으리라. 나훈아, 남진, 조용필, 태진아, 송대관을 좋아할 때도 저러지 않았던 것 같은데 대체 왜 그럴까.

갱년기 중년 여성의 '일탈일까?'라고 생각하기에 앞서 오버랩되는 장면이 있다. 2000년대 초반 〈겨울연가〉가 한국을 넘어 일본 열도에서 신드롬을 일으켰던 당시 말이다. 배용준과 최지우가 출연한 이 드라마는 한국에서도 시청률 20%를 넘기며 인기를 끌었지만, 일본에서 더 큰 신드롬을 일으키며 '한류 드라마' 열풍을 일으켰다. 주 시청자는 중년 여성들이었다. 일본의 중년 여성들이 배용준을 '욘사마', 최지우를 '히메지우'로 부르며 열광했다.

한국에서 2002년 방송된 〈겨울연가〉는 일본에서 2003년 NHK의 BS위성을 통해 방송됐다. 이후 시청률이 높아지자 이듬해에는 지상파에서 방영하였고, 외국 드라마로는 신기록에 가까운 20%라는 놀라운 시청률을 기록했다. 〈겨울연가〉

와 배용준의 인기가 높아지면서 일본에서는 '후유노소나타 빈보우'라는 말까지 생겼다. '겨울연가 가난뱅이'라는 의미인데, 일본 중년 여성들이 〈겨울연가〉 DVD를 사고 관련 잡지나 책 등등을 사는가 하면 드라마 촬영지까지 방문하는 데 돈을 다 써버리는 현상을 표현한 것이다. 〈겨울연가〉로 일본에서 톱스타가 된 '욘사마' 배용준의 후속 드라마 역시 인기를 끌었다. 뿐만 아니라 이병헌, 류시원 등 한국 남성 배우들이 잇달아 일본에서 인기를 얻는 계기가 되기도 했다.

소녀들이나 젊은 여성이 아닌 중년 여성들이 〈겨울연가〉와 '욘사마'에 열광하는 것에 대해 한국에서는 당시까지만 '일본스러운 현상'이라고 진단했다. '지극히 일본스러운 현상'이라는 진단은 '도저히 이해할 수 없다'라는 의미이기도 했다. 이해할 수 없는 요인은 우선 일본인들이 한국 드라마와 배우에 열광한다는 것, 그 주체가 중년 여성이라는 것, 스타를 위해 아낌없이 돈을 쓰는 행위 등이다. 〈겨울연가〉가 한류의 시작이라고 볼 수는 없지만 가장 폭발적이었던 것은 사실이다.

여기서 잠시 한국과 일본의 문화 개방을 살펴볼 필요가 있다. 1998년 10월 한국과 일본이 대중문화 개방을 하면서 문화 교류가 활발하게 이뤄졌다. 1965년 한일국교정상화 이후에도 일본의 대중문화 유입을 막아왔지만 고故 김대중 전 대통령이 1998년 4월 "일본 대중문화 개방에 두려움 없이 임하라"라는 지시를 내렸고, 이에 따라 일본 문화를 단계적으로 개방했다. 이후 영화, 비디오, 만화 등이 차차 개방됐다. 개방 이전에는 그렇다면 일본 대중문화를 접하지 못했을까? 그렇지는 않았다. 암암리에 일본 만화, 애니메이션, 잡지, 대중음악을 접했던 게 사실이다.

이처럼 일본 대중문화 개방 이후 1998년부터 영화 〈쉬리〉가 일본으로 수출됐고, 당시 매출 15억 엔을 기록하는 등 흥행에도 성공했다. 〈쉬리〉가 물꼬를 트고 난 이후 박찬욱 감독의 〈공동경비구역 JSA〉(2000), 전지현을 스타덤에 올려놓은 〈엽기적인 그녀〉(2001), 가수 보아 등이 일본에서 잇달아 인기를 얻었다. 물론 이보다 이전에는 조용필, 김연자, 계은숙 등이 일본에서 인기를 얻었던 적도 있다. 그러니까 〈겨울연가〉가 일본에서 메가 히트를 기록하기까지 〈쉬리〉, 〈공동경비구역 JSA〉, 〈엽기적인 그녀〉, 보아 등이 존재했던 것이다.

그리고 이제 2021년 한국에서는 일본 중년 여성들이 일으켰던 '욘사마 신드롬'과 비슷한 현상이 재현되고 있다. 대상이 달라졌을 뿐이다. 일본의 중년 여성들이 순수한 첫사랑의 이미지를 갖고 있는 욘사마에게 매료됐다면, 2021년 한국의 중년 여성들은 젊은 트로트 가수에 소위 말해 '꽂혔다'. 이들 역시 과거 일본 중년 여성들이 과감하게 지갑을 열었던 것처럼 트로트 가수들에게 지갑을 열고 있다.

한국의 중년 여성들은 왜 젊은 트로트 가수에게 이토록 열광하는가. 트로트 가수인데 젊다는 데 주목할 필요가 있다. 트로트 가수 하면 나훈아, 남진을 떠올리지만 그들은 이제 열광의 대상이 아니다. '오빠 트로트 가수'들이 불렀던 노래를 하는 2030 가수들에 열광하는 것이다. BTS나 엑소, 세븐틴, 펜타곤 등 아이돌 가수를 좋아하기에는 음악 정서가 맞지 않고, 대신 자신들의 정서를 노래하는 트로트 가수들에게 공감하는 것이다. '나의 세대 노래'를 부르고 '나의 세대 정서'를 표현하지만, 가수가 젊다는 것이 포인트다. 여전히 마음은 2030인 자신을 투영한 것이라고 할 수 있다. 거기다 경연 프로그램 특성상 마련된 경쟁 구도 속에서 젊은 가수들이 성장하는 모습을 지켜보며 대리만족을 느끼기도 한다. 여기에는 자신이 이루지 못한 꿈만이 투영되는 것이 아닌, 이제는 다 커서 자신의 손길이 필요 없는 자녀들을 보며 느끼는 공허함까지 달래는 기능이 있는 것이라고 할 수 있다.

이 때문에 중년 여성들 혹은 노년의 여성들이 젊은 남성 트로트 가수에 열광하는 현상을 색안경을 끼고 볼 필요는 없다는 게 전문가들의 시각이다. 곽금주 서울대 심리학과 교수는 젊은 트로트 가수들에 열광하는 중년 여성들의 심리를 이렇게 진단한 바 있다. "젊음을 그리워하고 동경하는 것은 당연하다. 중년 여성이 동경하는 대상은 이제 소녀 시절의 '오빠'가 아니다. 그때 그 시절 오빠들은 이제 더 이상 젊지 않다. 그들은 더 이상 성장하지도 않고 풋풋하지도 않다. 여전히 젊은 가운데 성장하는 이들, 그 모습을 응원하는 자신의 모습에서 소녀 시절의 나를 발견하기도 하고, 팬클럽 활동을 하며 취미로 삼는 일을 나쁘게만 볼 게 아니다. 젊은 남성 트로트 가수들은 이성이라기보다는 젊음이라는 상징이자, 은유일 수 있다."

또 평론가 임진모는 젊은 남성 트로트 가수에 열광하는 중년 여성들의 심리와 문화를 이렇게 분석했다. "'오빠 문화'에서 이제 '연하 문화'로 넘어간 지가 20년은 됐다. 20년 전까지만 해도 연하의 연예인을 좋아하는 문화는 거의 없었다. 그런데 2000년대부터 여자 연상, 남자 연하, 즉 '연상연하'에 대한 거부감이 사라졌다. 일상생활을 통해서 이미 문화가 깊게 자리 잡았다. 중년 여성 역시 연하의 연예인을 좋아할 수 있는 분위기가 조성된 것이다. 중년 여성이 젊은 연하의 남성 연예인에 열광하는 것이 이상한 게 아니다. 그리고 이러한 마음을 표현할 수 있는 사회적 공감대 역시 형성됐기에 가능한 현상이다."

임영웅을 좋아하는
그녀들의 진짜 이야기: 나도 여자야,
내 나이가 어때서, 마음은 청춘

곽금주 교수와 임진모 평론가의 분석이 과연 현실에서도 맞아떨어질까? 임영웅과 〈미스터 트롯〉 멤버들에 푹 빠져 '덕질'하듯 그들이 나오는 프로그램은 모두 '본방사수'를 하고 심지어 재방송까지 챙겨보는 엄마를 보고 너무 놀랐다는 A씨. A씨는 자신이 문화부 기자 생활을 하면서 한 번도 티켓을 구해달라고 한 적이 없던 엄마가 이제는 임영웅과 〈미스터 트롯〉 콘서트 티켓을 구해달라고 해서 한 번 더 놀랐고, 티켓을 구하려고 해도 구할 수 없을 정도로 인기가 많아서 또 한 번 놀랐다고 한다. 그러면서 엄마가 왜 이럴까 궁금해지기까지 했다는 것이다. 그래서 엄마의 삶의 궤적을 훑어봤다고.

먼저 A씨의 이야기를 하자면, 그녀는 엄마에게 불만이 많앉지만 두려운 대상이기도 했다. 엄마는 늘 남동생과 자신을 차별했다. 공부도 자신이 더 잘했지만 몸이 약했던 탓에 엄마는 항상 "몸도 약한데, 여자애가 뭘 하느냐"며 기를 죽였다. 공부를 잘해도 칭찬하는 법이 없던 엄마는 아들에게만큼은 극진했다. 아들이 결혼하고 나서는 며느리가 아들에게 잘하지 못할까봐 싫은 소리 한번 못 하는 시어머니가 됐다. 엄마와 함께 살면서 한 번도 엄마에게 고맙다는 말을 들어본 적이 없어 섭섭하다며 A씨는 같은 여자끼리 왜 그럴까 늘 궁금했다고 한다. 사실 궁금했다기보다는 불만에 가까웠겠지만.

그런데 엄하고 억척스럽기만 했던 엄마가 〈뽕숭아학당〉을 찾아보다니. 트로트 '덕질'까지 하는 엄마의 모습이 낯설었지만 A씨는 그때야 비로소 엄마의 삶을 돌아보게 됐다고 한다. 이제 A씨의 엄마 이야기를 하자면, 엄마는 젊은 시절부터 남동생 뒷바라지하느라 자신의 삶을 한 번도 살아보지 못한, '82년생 김지영' 이전 시대를 살았던 수많은 여성 중 하나다. 중매로 결혼해서 딸 하나 아들 하나를 두었다. 첫째로 딸을 낳고서 '살림 밑천'이라 생각하자며 섭섭함을 감추던 가족들의 말에 신경 쓰는 평범한 한국 여자, 한국 엄마. 몇 년 후 아들을 낳았고 자신의 엄마가 남동생들을 끔찍하게 위했던 것처럼 자신도 아들을 그렇게 대했다. 섭섭하다는 생각 없이 다들 그러니까 그렇게 했던 것이다.

세월이 흘러 남편은 세상을 떠나고 아들은 결혼해서 분가했다. 그런데 일흔이 다 돼서도 엄마 노릇을 하던 그가 갑자기 어린 시절의 나로 돌아가게 됐다. 〈미스터 트롯〉을 보면서 말이다. 자신처럼 늙어버린 나훈아, 남진이 아니라 어린 시절 나처럼 젊은 트로트 가수들을 보면서 그때 그 시절로 돌아간 것이다.

공연장에서 소리도 질러보고 연예인도 만나보고 싶었던 것 같긴 하지만 그런 생각을 정말 했을까 싶게 그는 바쁘게 그리고 자신을 위해서가 아니라 가족을 위해 살았다. 다들 그렇게 사니까. 그럼에도 불구하고 당신에게도 첫사랑은 있었다. 비록 멀리서 바라만 봤고, 말 한마디 건넨 적 없지만 첫사랑이었던 것 같다고 한다. 지금 돌이켜 보면.

짝사랑이자 첫사랑이던 동네 오빠와 얼굴이 닮은 건 아니지만 임영웅이 그런 이미지라고 했다. 젠틀하고 깔끔한 모범생. 그런 그가 자신이 아는 노래를 자신도 공감할 수 있는 감성으로 부르는 것이다. 남사스럽다고 할지 몰라도 보기만 해도 좋을 뿐이다. 새삼 이 나이에 남 의식하면 무엇 할 것이며, 그럴 필요 없다는 것을 깨닫게 됐다.

임영웅에게서 첫사랑의 감성을 찾는 것만은 아니다. 경연 프로그램이다 보니 성장과 경쟁을 빼놓을 수 없다. 내가 응원하는 가수가 결승에 진출하고 성장하는 모습에서 대리만족을 얻는 것이다. 내가 할 수 없었던 성장 그리고 이제는 이미 다 커버린 자식들에게서 받지 못하는 만족감, 이 두 가지 모두를 느끼게 해준 이들이 바로 임영웅을 비롯한 〈미스터 트롯〉 경연자들이었다. 임영웅만 좋았던 것도 아니다. 각기 다른 매력을 가진 트로트 가수들이 그녀에게는 곧 아이돌이었다. 잎이 지고 앙상한 가지만 남은 나목이라고 생각했는데 아직 인생이 남아 있음을 느끼게 해준 것이 바로 트로트였다는 게 A씨가 나름 이해한 엄마의 '덕질'이다.

또 하나의 예를 들자면, B씨는 A씨의 엄마와 달리 콘서트엔 가지 않는다. 사람이 많은 곳은 번잡해서 원래 안 좋아하기도 하려니와 티켓이 비싸서 가지 못한다고 한다. B씨는 60대 여성으로 남편과 〈미스터 트롯〉을 즐겨보는 평범한 아줌마다. 두 아들 가운데 한 명은 결혼을 했고, 한 명은 아직 미혼이다. 미혼인 아들이 빨리 결혼하기를 바라고 있지만 뜻대로 되지 않는다. 큰아들네도 아들 하나 더 나았으면 하지만, 딸하나로 만족하는 것 같아서 내심 속이 탄다. 남편과 사이도 그럭저럭 좋고 자식들 걱정도 거의 없다. 은퇴 후 소소한 일상을 보내던 그 역시 어느 날 트로트에 빠졌다. 이유는 그냥재미있어서다. 가요무대는 심심하다던 B씨에게는 가족들이 몰랐던 '흥'이 있었다. 새로 나오는 노래를 따라 부르고 싶은데 못 했다. 너무 빠르고 가사도 무슨 말인지 모르겠다. 그런데 내가 아는 그 노래를 젊은 가수들이 부르는 것이다. 옛 감성 그대로 부르기도 하고 새롭게 해석해서 부르기도 하는데, 둘 다 나름 매력이 있다. 옛 감성은 옛 감성대로 새로운 해석은 또 새로운 해석대로 이해할 수 있는 노래를 신나게 부르는 그들에게서 에너지가 느껴졌다.

또 가수들의 실력은 기본이고 저마다 개성과 매력이 달라 보는 이들이 지루할 틈 없다는 점도 트로트 프로그램을 즐겨 보는 이유다. 거기다 트로트, 발라드, 댄스 등 장르를 넘나들며 실력을 뽐내는 가수들을 보는 재미는 한마디로 축제의 현장 같다. B씨는 특히 김희재를 좋아한다. 골반춤을 추는 게 아주 기특해서라고 한다. '섹시한 게 아니라 기특한 거냐'라고 묻자 손사래를 치며 "아이고 마, 섹시, 하이고, 모르겠고, 그냥 어린애가 고로코롬 추니까 귀엽다"라며 웃는다. 나훈아나 남진이 골반춤을 추면 어떨 것 같으냐고 하자 "하이고 마" 하고 웃는다. 그냥 젊은 애들이 추는 게 더 좋단다. 자신도 젊어지는 것 같고 흥이 나기 때문이라고. 원로 가수가 힘겹게 추는 춤을 보면 왠지 마음이 답답할 것 같다고도 했다.

B씨에게도 젊은 트로트 가수들은 로망이었던 것이다. 자신의 세대에는 존재하지 않았던 신나는 콘텐츠, 그리고 젊음. 입에 올리기는 아직도 민망하지만 '섹시 댄스'에 열광할 열정이 여전히 남아 있었던 것이다.

임영웅은 어떻게 '중년 여성들의 BTS'가 되었나

〈미스터 트롯〉에 출연한 대다수 가수가 인기가 많다고는 하지만 팬덤이 가장 대중적인 이는 임영웅이다. 공식 팬카페인 '영웅시대'의 회원 수만 14만여 명으로 〈미스터 트롯〉 출연자 중 최다 회원 수를 자랑한다. 임영웅은 중장년 여성들뿐만 아니라 이보다 연령대가 다소 낮은 이들 사이에서도 인기가 상당하다. 성악이 베이스인 까닭에 '트바로티'로 불리는 김호중이 매니악한 인기가 있는 것과는 대조를 이룬다. 모두가 경쟁이 치열하기는 했지만 1991년생으로 동갑네기인 두 사람의 경쟁 구도는 막상막하였다. 결국 보다 대중적인 지지도를 얻은 임영웅이 1위의 영광을 차지했고, 김호중은 4위에 머물렀다.

그렇다면 임영웅의 매력은 무엇일까. 중년 이상의 여성들 사이에서 BTS를 넘어선 그의 인기 비결은 과연 무엇일까. 우선 임영웅의 인기 비결 중 하나는 호감 주는 외모다. 평범하면서도 단정한 외모와 젠틀한 매너가 누구에게나 호감을 준다는 것이다. 연예인이라면 다방면으로 누구에게나 호감을 줘야 하기는 하지만 부담스러울 정도로 잘생긴 외모나 개성이 강한 외모는 대중적인 인기를 얻기에 제약이 있다. 여기에 감동을 자아내는 인생 스토리와 30세라는 젊은 나이답지 않은 깊이 있는 감성이 더해진 노래는 남녀노소의 마음을 사로잡기에 충분했다. 임영웅의 경우는 여성뿐만 아니라 중년 남성들에게도 거부감이 없다.

〈미스터 트롯〉을 통해 유명세를 타기 전 임영웅은 가수가 되겠다는 꿈을 안고 〈전국노래자랑〉에 도전한 바 있었다. 그리고 이후 〈아침마당〉 등에 출연하면서 조금씩 이름을 알렸다. 가수가 되기 위한 험난한 과정은 스타들이라면 대부분 겪는 통과의례이기는 하다. 그럼에도 불구하고 임영웅의 스토리가 진한 감동을 자아내는 것은 어려운 환경에서도 바르게 자란 성품과 30세에 홀로된 어머니에 대한 애틋한 마음 때문이었다. 아버지가 세상을 떠났을 때 그의 나이는 다섯 살이었다. 미용실을 운영하는 어머니와 살며 그 역시 군고구마 장사 등으로 생활비를 보탰다.

처음에는 발라드 가수가 되려고 했지만 반응이 좋지 않았다. 고민 끝에 그는 2016년 싱글 앨범 '미워요'를 내면서 본격적으로 트로트 가수의 길로 들어섰다. 이후 「뭣이 중헌디」, 「계단 말고 엘리베이터」 등을 잇달아 발표했다. 그러나 이 역시 별다른 주목을 받지는 못했다. 가수 활동을 하면서도 군고구마 장사로 생계비를 벌어야 했던 이유다. 한데 이마저 벌이가 충분하지 않아 겨울에는 보일러가 터진 채 냉기가 흐르는 방에서 자기도 하고, 에어컨 없이 폭염을 견디기도 했다. 그렇게 2년을 보냈다.

여기에 어린 시절 이야기로 거슬러 올라가면 현재 반듯한 이미지의 임영웅을 상상하기 힘들 정도로 어려운 생활을 했다는 것 역시 시청자들의 마음을 움직였다. 이를 보여주는 일화는 이미 유명하다. 임영웅의 왼쪽 얼굴에는 흉터가 있다. 초등학교 때 친척과 놀다가 유리병에 얼굴이 찍혀 서른 바늘이나 꿰매는 부상을 입었다. 그런데 집안 사정이 넉넉하지 못하다 보니 수술을 제대로 받지 못했다. 그 때문에 아직도 흉터가 남아 있다.

그럼에도 불구하고 임영웅은 밝고 씩씩한 성격으로 축구 등 운동에 소질을 보였다. 중학교 3학년 때는 반장을 하는 등 교우관계도 좋았고, 고등학교 때는 태권도 훈련을 받으면서 전공에 대해 진지하게 생각했다. 모든 것이 부모의 경제력으로 결정되는 요즘이다. 학교생활, 교우관계조차 경제적인 조건에 좌지우지되는 게 씁쓸한 현실이다. 그러나 임영웅이 학교생활을 원만하게 할 수 있었던 것은 경제력을 넘어선 '인성'이었다.

임영웅은 이런 인생 스토리를 처음부터 드러냈다. 그는 방송에서 기회가 있을 때마다 홀로 자신을 키운 어머니에 대한 애틋하고 절절한 마음을 표현했다. 그는 '효도 못 하는 아들'이라고 자신을 탓하기도 했으며, 가장 하고 싶은 일을 물으면 "엄마와 할머니에게 효도하는 것"이라고 말하기도 했다. 가족에 대한 사랑, 어머니에 대한 사랑을 드러내는 것은 어쩌면 진부한 스토리일 수 있다. 그래서 감동이라기보다는 오히려 설정에 가깝다는 냉담한 반응을 불러일으킬 수도 있다. 그러나 임영웅의 경우는 이를 인간의 보편적인 감성을 자극하는 따뜻한 이야기로 완성했다. 진심이 담긴 말, 표정과 말투 그리고 진정성 있는 자기 고백이 시청자들에게도 고스란히 전달됐기 때문이다.

시청자들은 그의 노래를 듣고 있으면 눈물이 난다고 했다. 특히 〈미스터 트롯〉에서 본격적으로 존재감을 드러내기 시작한 노래는 노사연의 「바램」이었다. 젊은이가 노래를 부르는데 얕은 감성이 아닌, 인생을 아는 이의 회한이 느껴지는 감성이 고스란히 전달됐고, 그것이 그야말로 심금을 울렸다. 여기에 트로트와 발라드를 접목한 '발로트' 장르를 개척한 스타일 역시 감동을 배가했다는 분석이다. 한 음반 유통사 관계자는 "임영웅이 부른 노래들은 「어느 60대 노부부의 이야기」처럼 스토리가 있는 곡이 대부분이었다"며 "가창력만 내세우는게 아니라 이야기가 있는 노래를 통해 〈미스터 트롯〉 시청자를 넘어 대중까지 사로잡았다"고 밝혔다.

〈미스터 트롯〉은 다양한 경쟁을 펼치게 했는데, 솔로가 아닌 팀을 이루는 경연도 있었다. 서로가 경쟁자이지만 '죽기 살기로 나온' 비장한 이들 사이에서 경쟁심은 자연스러운 감정이다. 그럼에도 불구하고 그는 팀워크를 위해 물러서거나 하는 등의 면모를 보여주기도 했다.

지금은 임영웅 앞에 탄탄대로가 놓였지만 가수로 갓 데뷔했을 땐 누구도 알아주지 않는 무명에 불과했다. 그런 임영웅이 처음 가수의 꿈을 키운 건 야간 자율학습에 빠질 방법을 고민하다 실용음악 학원에 등록한 고등학생 때였다. 노래에 재능을 발견한 그는 2010년 경기도 남양주시에 위치한 경복대학교 실용음악과에 진학했다.

원래 발라드 가수를 바랐던 임영웅은 실제로 대학 재학 중몇몇 가요제에 출전해 발라드를 불렀지만 번번이 고배를 마셨다. 그러다 우연한 기회에 트로트로 장르를 바꾸자 상황은 달라졌다. 2015년 아이넷 TV 〈대한민국청소년 트롯 가요제〉

경기 북부 편, 이듬해 2월 KBS 1TV 〈전국노래자랑〉 포천 편에서 최우수상을 수상하며 주목받았다. 발라드를 부를 땐 별다른 감흥을 보이지 않던 관객들의 반응이 사뭇 달라진 것을 체감한 임영웅은 이후 트로트로 전공을 바꿨다.

가요계 전문가들도 임영웅의 성공 배경에 대한 다양한 분석을 내놓고 있다. 한 음원 제작, 투자사의 관계자는 "〈미스터트롯〉에 참여한 출전자들 가운데 준비가 완벽히 돼 있었다"며 "다른 출전자들이 퍼포먼스에 신경을 쏟을 때 임영웅은 처음부터 어머니에 대한 사연을 소개하고 그 마음을 한 땀 한 땀 녹여낸 노래를 불러 단박에 관심을 끌었다"고 밝혔다. 자신에게 가장 적합한 곡을 골라 음색에 맞게 편곡하는 '완벽주의'도 지금의 성공을 이끈 원동력이라고 할 수 있다.

BTS나 하는 줄 알았던
밀리언셀러를 해낸
김호중의 매니악한 팬덤의 정체

"다 이해한다!" '으른'들의 '찐사랑', '찐이해'. 김호중은 사실 사건 사고 이슈가 많았던 인물이다. 3위 안에 들지는 못 했지만 팬덤의 화력은 그 어느 가수 못지않다. 부정적 이슈가 많았음에도 불구하고 그를 지지하는 팬층은 확고하다. 여자 친구 폭행 사건을 비롯해 도박 의혹 등 연달아 잡음이 일었다. 웬만한 가수라면 벌써 반 은퇴를 했을 수준이다. 여기에 그의 모친이 경쟁자였던 임영웅의 어머니를 험담했다는 소식까지 전해지면서 이미지가 실추될 만도 했다. 그럼에도 불구하고 김호중을 향한 팬덤은 콘크리트였다. 절대 무너지지 않는 콘크리트 지지율이 바로 김호중에게 나타난 것이다.

김호중 팬들의 이야기를 들어보면 그런 이슈들은 그다지 지장이 없다고 한다. 더한 일도 많이 봐왔기 때문에 다 이해한다는 것이다. 인생을 한두 해 산 것도 아니고 그만한 사정은 다 있는 것 아니겠냐는 얘기다. 아이돌 팬덤이 아무리 확고한들 부정적 이슈가 나오면 흔들리기 마련이다. 흔들리지 않는다면 오히려 부정하곤 했다. "우리 오빠는 그럴 리가 없다"며. 그러나 김호중의 팬들은 "그랬어도 이해한다"라는 점에 있어서 다르다. 산전수전 다 겪은 '으른'들의 '찐사랑', '찐이해'가 바로 확고부동한 김호중 팬덤의 정체라고 할 수 있다.

어린 팬들과 어르신 팬들의 내공 차이가 아닐까 싶다. 어린 팬들에게 오빠는 그야말로 우상이고 절대적이며 완벽한 존재이지만 어르신들에게 '어린 가수'는 보듬어주고, 이해해주고 싶은 대상이다. 그리고 과거 실수투성이였던 자신을 투영해 안쓰럽게 바라보고 위로하는 면도 없지 않은 것이다.

김호중은 영화 〈파파로티〉의 실제 주인공으로, 이미 많이 알려진 사실이지만 불우한 어린 시절을 보냈다. 그는 자신의 어린 시절부터 트로트 가수로 진로를 변경하기까지의 이야기를 자서전 『트바로티 김호중』에서 털어놓았다. 책에 따르면 그는 부모님의 이혼으로 인해 가출을 했고, 조직폭력 세계에 가담한 적도 있다. 숱한 방황을 하던 그가 성악가가 된 계기는 무엇일까? 우연히 듣게 된 루치아노 파바로티의 「공주는 잠 못 이루고(네순 도르마)」가 그의 인생을 송두리째 바꿔놓았다. 그는 자서전에서 당시를 떠올리며 이렇게 말했다.

"「네순 도르마」를 듣기 전과 후의 나는 완전히 다른 사람이 됐다. 이 노래를 듣기 전의 세계로 돌아가는 것은 불가능했다. 나는 노래를 하고 싶었고, 노래를 통해 내가 느낀 감동을 전하는 사람이 되고 싶었다. 처음으로 살고 싶은 세상을 발견한 기분이었다. 어떤 어려움을 겪게 되더라도 이 세상에서 살고 싶었다. 비록 현실은 남루했지만 '빈체로! 빈체로!'를 부르는 순간에는 모든 것을 잊을 수 있었다. 나는 나아가고 싶었고, 승리하고 싶었다."

노래를 통해 느낌 감동을 전하는 사람이 되는 방법으로 택한 성악가의 길. 새로운 삶의 방법으로 택한 길에서 멘토를 만나는 것은 커다란 행운이다. 성악의 성자도 모르던 김호중에게 "넌 노래로 평생 먹고살 수 있을 것 같다"라며 용기를 주었던 평생의 멘토는 바로 김천예고 서수용 선생님이다.

그리고 또 한 명의 멘토는 그가 마음을 잡지 못할 때마다 등불이 돼준다. 바로 그를 길러주신 할머니다. 할머니의 유언에 따라 열심히 노래를 배우던 그는 드디어 전국에 자신을 알릴 기회를 얻게 된다. SBS 예능 프로그램 〈스타킹〉에 출연하여 '고교생 파바로티'라고 불리며 유명해진 것. 이 유명세를 업고 한양대에 장학생으로 진학하지만 그는 정통 클래식을 공부하는 분위기에 적응하지 못한 것으로 알려졌다. 이후 독일로 유학을 갔다가 다시 한국으로 돌아온다. 그리고 한국으로 돌아왔을 때 무엇을 해야 할지 막막했을 그에게 또다시 행운이 찾아온다. 성악과는 전혀 어울리지 않는 트로트라는 장르로 옷을 갈아입게 되면서 말이다.

이제 김호중은 '아리스'라는 천군만마를 얻으며 BTS의 '아미' 못지않은 확고한 팬덤을 보유한 가수가 됐다. 김호중의 공식 팬클럽인 '아리스'의 회원 수는 약 10만 명에 달하며 특히 팬덤의 화력이 가장 센 것으로 유명하다. 군 입대를 했음에도 불구하고 앨범 누적 판매량이 100만 장을 돌파했다는 사실이 이를 증명한다. 뿐만 아니라 인기에 흠집이 날 만도 한 불미스러운 이슈들까지도 이들은 이해한다는 입장을 보였다. 팬덤의 속성이 무조건적인 팬심일 수는 있지만, 그의 주요 팬 연령층이 10대 소녀가 아닌 중장년층인 것을 감안하면 이례적이라고 할 수밖에 없다. 중장년층이 어린 시절부터 좋아하던 가수가 아닌, 새로이 좋아하게 된 가수에게 이토록 무한한 애정을 보이는 것은 흔하지 않은 현상이기 때문이다.

김호중은 지난해 9월 첫 정규 앨범 '우리家(가)'를 발매했으며, 10월까지 54만 장이 팔려나가 그의 인기를 실감하게 했다. 같은 해 12월 발매한 '더 클래식 앨범'은 선주문량만 49만 2,200장이었다. 웬만한 아이돌도 선주문량이 50만 장 가까이 되지 않는 것을 감안하면 그의 팬덤 화력이 얼마나 확고하고 강력한지 알 수 있다. 더 놀라운 것은 이마저도 군 입대를 한 상황에서 발매한 앨범이라는 사실이다. 이 앨범에는 「네순 도르마」, 「남몰래 흘리는 눈물」, 「별은 빛나건만」 등 오페라 아리라를 비롯해 「위대한 사랑」, 「나를 잊지 말아요」, 「오 솔레 미오」 등 이탈리아 노래, 뮤지컬 넘버 「지금 이 순간」 등 그의 감성과 가창력을 느낄 수 있는 곡들이 수록됐다.

김호중은 이처럼 커다란 사랑을 받았지만 트로트 가수들 중에서 유난히 구설수가 많아 KBS 시청자권익센터 시청자 청원 게시판에는 그의 출연을 금지해야 한다는 청원까지 올라오기도 했다. 이 때문에 그가 출연한 〈불후의 명곡〉에서 그의 분량이 편집되기도 했다. 그는 실제로 불법 도박을 했음을 인정했다.

그럼에도 불구하고 팬들의 김호중을 향한 지지는 꺾이지 않았다. 때로는 이런 무조건적인 지지와 팬심이 비판을 받기도 했다. 하지만 '아리스'는 김호중을 이해한다는 입장으로, 한 팬은 이렇게 전했다. "지금까지 더한 것도 많이 봤고, 나이가 있다 보니 나도 살아가면서 후회할 짓을 많이 했다. 김호중도 그렇지 않겠나. 불우한 어린 시절이 면죄부가 될 수는 없지만 외롭고 또 의지할 데가 없다 보면 그럴 수도 있다." 그러면서 "잘못은 잘못이지만 그래도……" 하고 말끝을 흐리기도 했다. 또 다른 팬은 "행실을 떠나서 김호중 노래를 듣고 있으면 눈물이 난다"며 "그것만으로도 위로받고 치유되는 느낌이라서 김호중 음악을 듣는다"고 말했다.

반듯한 임영웅을 보며 대리만족하는 팬들과 다사다난하고 파란만장한 삶을 살아온 흠결 많은 김호중을 보며 동질감을 느끼고 이해하고 보듬어주는 팬들, 양쪽 모두에서 어쩐지 차이점보다는 공통점이 느껴지는 것은 왜일까.

장민호, 이찬원, 영탁,
은은하고 잔잔한 인기

임영웅 이외에도 〈미스터 트롯〉에서 2위와 3위를 차지한 영탁, 이찬원과 본상을 차지 못한 장민호 등도 인기를 끌었다. 인기의 척도라고 할 수 있는 광고에 숱하게 출연하면서 '트로트 가수 광고 모델 러시'에 대거 합류했다.

1996년생인 이찬원은 어릴 때부터 '트로트 신동'이라고 불리며 무명이었던 적은 거의 없다. 〈전국노래자랑〉, 〈스타킹〉 등에 출연하면서 일찌감치 재능을 인정받았고 나름의 지명도도 있었다. 이후 트로트 신동이 아닌 트로트 스타, 트로트 가수로 도약할 수 있도록 해준 무대가 다름 아닌 〈미스터 트롯〉이었다. 〈미스터 트롯〉이 회를 거듭할수록 시청자들은 이찬원이 3위 안에 들 것이라고 대부분 확신했다. 거부감 없이 귀여운 외모와 부담스럽지 않은 애교 그리고 나무랄 데 없는 가창력까지 겸비한 그가 중장년층의 여성 시청자들에게 더없이 사랑스러운 손자로 보였을 것이다. 경연마다 색다른 모습을 보여주는 데다 경상도 출신인 그의 반전 사투리까지 더해져, 〈미스터 트롯〉을 즐겨 봤다는 한 시청자는 마치 "재롱잔치를 펴는 것 같다"며 "참 귀여운데 그러다가 구성지게 트로트를 부를 때는 남진, 나훈아도 떠오른다"고 말했다. 예선 때는 「진또배기」를 감칠맛 나고 시원하게 불러 예선전 최단 시간 '올 하트'와 더불어 5주 차 모바일 인기투표 1위, 결승전 마스터 점수 1위라는 기록을 세웠다. 이 때문에 이후는 '찬또배기'라는 별명도 얻게 됐다. 현재 이찬원의 공식 팬클럽 회원 수는 3만 명가량이다.

장민호는 〈미스터 트롯〉 출연 가수 중 가장 나이가 많은 편에 속한다. 1977년생인 그는 오랜 무명 끝에 〈미스터 트롯〉을 통해 빛을 본 케이스다. 심사위원이었던 장윤정, 신지, 김준수 등보다도 데뷔가 빨랐을 정도다. 마흔을 넘긴 나이로 〈미스터 트롯〉에 출연한 그는 1997년 아이돌 그룹 '유비스'로 데뷔한 바 있으나 뚜렷한 성과를 내지 못해 활동을 접었다. 이후 2004년 발라드 그룹 '바람'으로 다시 재기를 꿈꿨지만 이 역시 실패로 돌아갔고, 2011년 트로트 가수로 진로를 변경하면서 「사랑해 누나」라는 곡을 냈지만 이때도 성공하지 못했다.

이후로도 꾸준하게 재기를 꿈꾸며 여러 프로그램에 출연했으나 운이 따라주지 않았다. KBS〈내 생애 마지막 오디션〉에 출연해 우승을 차지했지만 시청률이 높지 않았던 까닭에 빛을 보지 못했다. 당시 오디션 프로그램 출연과 우승은 성공 공식이었음에도 장민호에게는 이런 공식이 통하지 않을 만큼 운이 따라주지 않았던 것이다. 그러다 2014년 「남자는 말합니다」를 선보이며 본격 성인가요 시장에 진출해 인기를 얻기 시작했고 2020년 〈미스터 트롯〉으로 인해 소위 말해 '인생역전' 스토리를 쓰기 시작했다.

〈미스터 트롯〉에 출연해서도 처음에는 팬층이 확실하지 않았다. 여성 중장년층이 주요 시청자인 까닭에 나이가 애매했던 것이다. 아들뻘이라고 하기에는 다소 나이가 많은 데다 '아주 젊은' 나이는 아닌 40대였기 때문. 그러나 그는 성실함과 반듯함으로 서서히 시청자들을 사로잡기 시작했다. 쉽지만은 않았던 20대부터 30대까지의 인생 이야기 역시 시청자들의 마음을 움직였다. 쉬운 길을 택했을 법도 하지만 가수라는 꿈 하나를 위해 달려온 40대의 장민호에게서 임영웅과 마찬가지의 어떤 인간미를 느끼지 않았을까.

그리고 영탁. 그의 특기는 리듬이다. 리듬감이 탁월해서 '리듬탁'이라고 불릴 정도다. 본선 당시 진을 차지하게 했던 「막걸리 한잔」과 결승에서 선보였던 「찐이야」는 누구도 따라

갈 수 없는 그의 탁월한 리듬감을 가장 잘 드러내는 곡이다. 행사 섭외 0순위로, 분위기 띄우는 데는 그가 '찐'이라는 평가를 받는다.

영탁 역시 적지 않은 나이로 팬덤 형성이 쉽지는 않았다. 1983년생인 그는 가이드 보컬, 개인 보컬 강사 등의 활동을 했고, 트로트 가수로서는 「누나가 딱이야」로 데뷔했다. 그러나 주목을 받지는 못 했다. 하지만 이후 선보였던 「니가 왜 거기서 나와」는 〈미스터 트롯〉 출연 이후 음원 차트에서 역주행해 그의 인기를 실감하게 했다. 흥이 넘치고 밝고 명랑한 성격 덕에 그는 강력한 팬덤은 아니지만 팬클럽 회원 수가 3만 명에 이르는 등 장민호, 이찬원과 함께 자신의 영역을 확고히 하고 있다.

어른들의 '덕질'은 취미다:
"다시 여고생으로
돌아간 것 같아요"

"마음은 청춘이야."

"다시 여고생으로 돌아간 것 같다. 친구들하고 몰려다니면서 깔깔거리던 그때가 생각난다."

트로트 가수의 팬인 어르신들을 만나면 한결같이 듣는 말이다. 나이는 들었지만 스타를 좋아하는 마음은 젊은이들 못지않다는 얘기다. 팬클럽 회원들과 팬미팅도 가고 콘서트도 가고 깔깔거리면서 이야기하다 보면 자기도 모르게 학창 시절로 돌아간 것 같다고 한다. 트로트 가수가 좋아서 시작한 팬클럽 활동이 취미가 되고, 삶의 낙이 됐다는 것.

나이 더 들면 이 마음이 무엇인지 알 거라며, 소위 말해 '팬질'이나 '덕질'을 하는 행동이 민망할 수 있을 것 같지만 그렇지 않다고도 했다. 아이돌 팬들이 하듯 '스밍질'도 하고 음반도 선주문하고 굿즈도 산다. 게다가 실시간 검색어 '총공'도 한다. 가수의 콘서트, 팬미팅 등 공식 일정을 꿰고 있는 것도 그들의 당연한 의무이고, 팬클럽 카페에 매일매일 접속해 '출첵(출근 체크)'하는 것도 빠트리지 않는다.

아이돌 팬들의 경우 연령대가 낮다 보니 '팬질', '덕질'을 따로 배우지 않아도 할 수 있다. 굳이 배울 대상이 아니다. 그러나 트로트 팬들의 경우 중장년층이 많다 보니 이들에게 '팬질'과 '덕질'은 학습의 대상이다. 과거 팬레터나 엽서를 쓰고 정성스럽게 접은 학과 학알, 손뜨개질한 스웨터, 장갑, 모자 등을 보냈던 그들이다.

한 가수의 팬미팅 현장을 갔다가 필자는 놀라운 광경을 목격했다. 줄을 서서 입장하는 팬들에게 팬클럽 임원이 프린트를 나눠주고 있었던 것. 무엇인가 했더니 내용은 바로 '스밍질', '총공'하는 방법 등이 큰 글씨로 친절하게 적혀 있었다. 여기에 멜론, 지니 등 통신사별 앱 종류를 비롯해 사용 방법 역시 상세하게 설명해놓았다. 그래도 잘 모르겠다 싶은 이들은 임원들에게 무슨 의미인지 물어보기도 했고, 그래도 모르겠다며 자녀들에게 해달라고 하겠다는 분들도 있었다. 포기가 아니라 어떻게 해서든 '나의 가수' 순위를 올려주고 말겠다는 의지를 표현한 것이다.

팬미팅 현장의 한 코너를 장식하고 있던 굿즈 매대 역시 놀랍기는 마찬가지였다. 매대 자체가 아니라 매대를 장식한 굿즈의 품목 때문이었다. 어르신 팬들이 많다 보니 아이돌 팬을 위한 굿즈에서는 볼 수 없었던 돋보기, 확대경 거치대, 휴대용 라디오 등이 등장한 것. 이뿐 아니라 가수들의 얼굴이 프린트된 후드티셔츠, 휴대폰 케이스, 열쇠고리, 담요, 에코백, 음악이 저장된 USB, 마스크, 아크릴 등신대, 브로마이드, 무드 등 같은, 보통의 아이돌 굿즈에서 볼 수 있는 품목들도 물론 많았다. 굿즈들에 '효도 선물 세트'라는 광고문구가 달려 있기도 했다. 중장년 팬들의 구매뿐만 아니라 선물용으로도 판매가 되기 때문이다.

어른들이 과연 이런 제품들을 살까 싶지만 팬미팅 현장에서 만난 한 중년 여성은 "가수를 위해서 굿즈를 사는 게 그렇게 아깝지는 않다"고 했다. 때로는 팬들 사이에서 경쟁도 있다고 했다. 굿즈 구매 인증샷을 올릴 때 은근히 신경이 쓰인다는 것이다.

굿즈 구매뿐만 아니라 어르신 팬들의 선물 공세 역시 아이돌 팬들과 확연한 차이를 보인다. 극단적인 예로 현금을 주기도 하는데, 무엇을 좋아할지 몰라서 좋은 것, 사고 싶은 것을 샀으면 하는 바람으로 돈을 전달하기도 했다는 어느 중년의 여성 팬을 만났다. 이는 팬덤의 어두운 면인 '조공'이라고 불리는데 그분께 혹시 아시느냐 물었더니 역시 모르고 있었다. "그런 단어는 모른다"며 "신부님한테도 용돈 드리고 그러는데 내가 좋아하는 가수에게 용돈 주는 걸 나쁘게 보는 사람이 있는 줄 몰랐다"고 당황해하기도 했다.

어머님 팬들이 많다 보니 음식을 비롯해 건강식도 단골 선물이다. 김호중은 먹는 것을 좋아해서 '먹방 요정'이라고도 불리는데 먹음직스럽게 먹는 그의 모습을 보고 팬들이 각종 김치를 비롯해 밑반찬 등을 보내준다고 한다. 한 방송에 출연한 김호중은 업소용 냉장고를 산 이유에 대해 이같이 설명하기도 했다. "팬들이 전국 팔도에서 김치를 보내주세요. 갓김치랑 고들빼기 등 세상 김치란 김치는 다 있어요. 라면 먹을 때도 팔도의 김치들을 여덟 군데 덜어서 다 같이 먹어요. 너무 감사할 따름이에요."

임영웅은 '인간 화환'을 선물받기도 했다고 하는데, 다름이 아니라 촬영장에 응원차 찾은 팬이 몸에 리본을 달고 있었던 것. 그는 이 팬의 선물이 가장 기억에 남는다고 말했다.

한편 굿즈의 질에 대한 비판은 어제오늘의 일이 아닌데 트로트 가수 관련 굿즈에 한해서 이러한 비판이 유독 거셌다. 인터넷 검색만 해봐도 확인할 수 있는데 어떤 굿즈의 경우 조악하기 그지없음에도 불구하고 가격은 몇만 원에 달하기도 한다. 실제로 사용하지 않는 게 굿즈라고 하지만 심각한 수준으로 질이 떨어지는 키링, 머그, 티셔츠 등도 수없이 발견된다. 팬들은 보관만으로도 가치가 있어서 구입을 한다지만 이를 이용한 지나친 상술, 또 어르신들이 대상이라는 점 때문에 비판의 목소리가 높다.

바야흐로 '트로트 전성시대':
광고 점령한 트로트 스타들

　광고를 보면 현재 가장 '핫한' 스타가 누군인지 현재의 트렌드가 무엇인지 알 수 있다. 지난 2020년은 임영웅, 김호중, 영탁, 장민호 등 젊은 트로트 가수들이 광고계를 휩쓸었다. 바야흐로 '트로트 전성시대'였다. 특히 중장년층 여성이 주요 소비자인 기업들은 앞다투어 트로트 가수를 광고 모델로 발탁해 그 효과를 톡톡히 누렸다. 브랜드 인지도뿐만 아니라 매출 향상에도 크게 기여한 것으로 보인다.

　광고에서 특히 임영웅을 가장 많이 볼 수 있었다. "임영웅이 움직이면 매출이 달라진다"라는 말이 나올 정도여서 기업들은 임영웅 잡기에 총력을 기울였다. 그는 청호나이스의 정수기, 공기청정기, 경동나비엔의 나비엔 온수매트, 임플란트 제조사 덴티스, 화장품 브랜드 리즈케어, 청년피자, 티바두마리치킨, 클라비스 건강 팔찌, 구전녹용, 매일유업의 바리스타룰스 등 다수의 광고 모델로 활약했다.

임영웅은 중장년층뿐만 아니라 그보다 더 젊은 세대에게도 사랑을 받는 대중적인 스타이기에 중장년층이 타깃인 브랜를 비롯해 피자, 치킨 등까지 광고 섭외가 들어왔다. '임영웅 효과'는 특히 청호나이스에서 두드러졌는데 그가 광고 모델로 나선 정수기와 공기청정기의 매출이 일 년 내내 꾸준히 상승했다. 계절 수요를 타는 제품임에도 불구하고 일 년 내내 효자 품목으로 자리 잡아 청호나이스의 공기청정기 'A600', 'A600S'는 누적 판매 3만 대를 돌파했다. 그동안은 미세먼지가 극성을 부리는 봄과 가을 매출이 대부분이었지만 지난해에는 꾸준히 팔려나갔다.

이미 확고한 팬덤을 보유한 김호중 역시 중소기업이 선호하는 광고 모델이다. 셀트리온 스킨큐어의 건강기능식 브랜드 이너랩, 화장품 브랜드 동그라미(마스크팩·건강주스), 미구하라(앰플), 식품 브랜드 미스터집밥, 신발 브랜드 기억이, 건강차 전문 브랜드 티트리트 등의 광고 모델로 활동했다. 특히 이너랩의 여성영양제 플라센타, 마더플러스 초유프로틴 등은 홈쇼핑에서 '완판 행진'을 이어가는 기염을 토하기도 했다. 중장년 여성층에서 '국민 사위'로 불리는 그가 건강기능식을 선호하는 주요 소비자층과 정확하게 맞아떨어진 것이다.

한편 일동후디스, 삼성화재, 대성쎌틱, 동문건설, 미스터피자 등의 광고 모델로 활동 중인 장민호의 경우는 모델 발탁이 조금 늦은 케이스다. 다른 가수들에 비해 다소 애매한 팬층 때문이라는 분석이다. 반듯하고 잘생긴 외모이지만 임영웅처럼 대중적이지 않고, 김호중처럼 확실하고 확고한 팬덤을 보유하지 못했기 때문이다. 그가 출연한 광고들은 특정 연령층이나 계층이 타깃이 아닌 단백질 보충제, 보일러, 건설사, 피자, 보험사 등 다양한데 일동후디스 역시 그를 눈여겨보다 현재는 상상할 수 없는 개런티로 계약을 했지만, 어떤 광고에 내보내야 할지 고민이 컸던 것으로 알려졌다. 그러나 그의 탄탄한 몸매와 건강한 이미지를 내세워 단백질 보충제 '하이뮨' 광고 모델로 결정하면서 일동후디스의 브랜드 인지도는 급상승했다. 이는 재계약으로도 이어졌는데, 일동후디스 측은 "밝고 활기찬 에너지가 단백질 보충제인 '하이뮨'의 제품 속성과 딱 맞아떨어지면서 제품 출시 반년도 안 돼 남녀노소에게 많은 사랑을 얻을 수 있었다"며 재계약 이유를 설명했다.

영탁 또한 건강기능식, 막걸리, 아이스크림, 섬유유연제, 두피 모발 케어, MG새마을금고 등 다양한 제품의 광고 모델로 활동하고 있다. 그는 〈미스터 트롯〉 프로그램에 출연하기 전에도 다른 출연자들에 비해 인지도가 높았다. 여기에 친근감 있는 외모와 매너가 더해져 장민호와 마찬가지로 다양한 광고의 모델로 발탁됐다. 「막걸리 한잔」이 대표곡이라는 평가를 받자 지역 막걸리 제조업체인 예천양조는 '영탁 막걸리'를 출시하면서 그를 모델로 기용했다. 또 그는 자취 생활을 오래한 이력으로 '피죤' 광고 모델도 하고 있으며 최근에는 아이엘사이언스의 미세전류 LED 두피케어 제품인 폴리니크 광고에도 발탁됐다.

이찬원 역시 화장품, 막걸리, 피자, 샴푸 등의 광고 모델로 활동하고 있다. 특히 웰더마 화장품과는 재계약을 맺을 만큼 매출 신장에 기여한 것으로 알려졌다. 새순천양조영농조합법인의 황칠플러스 생막걸리를 비롯해 미스터피자, 탈모 샴푸 브랜드 어헤즈 등도 그가 출연하는 광고다.

한편 업계에서는 트로트 가수들이 올해도 광고 시장을 점령할 수 있을지, 이들이 연이어 매출 신장을 이끌 수 있을지에 대해 의견이 엇갈린다. "채널만 돌리면 트로트 프로그램이냐" 하는 말이 나올 정도로 대중의 피로감이 높아진 상황인 데다, 렌털 등의 경우는 제품을 다양화하지 않을 경우 효과가 떨어지지 않겠냐는 분석이다. 업계의 한 관계자는 "지난 한 해 트로트 가수들이 광고 시장에서 가장 '핫한' 모델이었다"며 "코로나로 인해 새 모델을 쓰는 경우가 거의 없었지만 트로트 가수들의 경우는 가장 인기가 많았다"고 밝혔다. 그러나 한편으론, "트로트에 대한 피로감 등으로 인해 이들 모두가 재계약으로 이어질지는 미지수"라고 전했다.

그러한 반면 막강한 팬덤으로 인해 올해 역시 트로트 가수들 모시기 경쟁은 뜨거울 수 있다는 전망도 있다. 다만 지난해보다 몸값이 높아진 탓에 중소기업으로서는 고민이 커질 것으로 보인다. 업계의 또 다른 관계자는 "중기의 경우 브랜드 인지도를 높이고 매출 신장을 이끄는 데 이들 효과를 톡톡히 본 것은 사실"이라며 "그러나 출연료가 문제가 될 것"이라고 설명했다.

팬덤
용어 사전

'팬덤'이 아이돌을 시작으로 트로트 가수 팬들까지 전 연령대가 향유하는 문화가 되면서 다양한 현상이 나타나고 있다. 이 현상들을 지칭하는 용어들의 경우 팬덤을 경험하지 못한 이들에게 이는 외계어에 가깝다. 팬덤 용어를 보면 팬덤 현상이 어떻게 진행되고 있는지 또한 확인할 수 있을 것이다.

덕후

원래는 집 안에만 틀어박혀 있으면서 광적인 취미 생활을 즐기는 사람, 보통 사회성이 부족한 히키코모리(은둔형 외톨이)와 같은 부정적인 의미로 쓰였다. 덕후는 '덕질'을 하는 사람을 의미하는데, 일본어의 오타쿠가 한국식으로 변형돼 '오덕후'로 사용되다가 '덕후'로 줄여 부르게 됐다. 과거에는 부정적인 의미였지만 현재는 특정 분야에 전문성이 있는 사람들을 가리키기도 한다.

덕질

열성적으로 좋아하는 분야에 심취해서 하는 모든 행위를 의미한다. 영어로는 '마니아'라고 할 수 있다. '덕후'에서 파생된 말로, 어떤 행위를 하는 것을 낮춰 부르는 'OO질'에서 온 것이다. 이제는 팬덤이 하나의 문화 현상으로 여겨지면서 부정적으로 보는 시각이 많지 않지만 과거에는 스타에 열광하는 모습을 낮춰 보는 시각이 있었기에 이것이 반영된 신조어라고 할 수 있다.

입덕·탈덕

한자인 '들 입入'과 덕(덕후)의 합성어, 그리고 '벗을 탈脫'과 덕(덕후) 의 합성어. 입덕은 '덕질에 입문하다'라는 뜻으로, 새로이 덕질을 시작하는 단계를 말하고 탈덕은 '덕질에서 벗어나다'라는 뜻으로서 덕질을 그만두는 것을 의미한다.

성덕

'성공한 덕후'의 줄임말. 아이돌을 좋아하다가 자신이 아이돌이 됐다거나, 자신이 좋아하는 분야에 덕질을 하다 보니 해당 분야에서 출세했다거나 유명인이 된 경우를 가리킴. 또는 공부 안 하는 아이돌 팬으로만

보였으나 아이돌을 좋아하는 것이 계기가 되어 더 열심히 공부해서 성공한 사람을 의미하기도 한다.

덕업일치

'덕질'을 하다 보니 '성덕'이 된 경우와 같이 좋아하는 분야가 취미를 넘어 직업이 된 경우를 의미한다.

사생(팬)

아이돌 등 연예인을 지나치게 좋아하여 그들의 사생활까지 침해할 정도로 극성을 보이는 팬을 의미한다. 사생활의 '사생'과 '팬fan'의 합성어. 사생팬은 자신의 일상생활을 거의 포기하다시피 하는 가운데 연예인을 쫓아다니며 그의 일거수일투족을 사사건건 알아내고자 한다. 심할 경우 연예인의 긴밀한 개인정보 유출, 주거침입, 스토킹 등 범죄로 이어져 이슈가 되기도 했다.

악개

'악질 개인팬'의 줄임말로, 아이돌 그룹 내에서 특정 멤버만을 유난히 좋아하여 자신이 좋아하는 멤버 외의 다른 멤버나 다른 가수 등을 비방하고 폄하하는 행위가 매우 심한 팬들을 지칭한다. 아이돌의 경우 멤버 수가 많게는 10명이 넘어가다 보니 이런 현상이 종종 나타난다.

올팬

아이돌 멤버 모두를 좋아하고 관심 갖는 팬을 의미한다. '갠팬'의 반대말.

머글

덕후가 아닌 일반적인 팬을 가리키는 말. 『해리포터』에서 마법사가 아닌 사람들을 머글이라고 부른 데서 유래됐다.

홈마

'홈페이지 마스터'를 줄여서 나타낸 말. 고가의 카메라 장비를 동원하여 덕질의 대상인 연예인이나 운동선수, 모델 등의 사진 또는 동영상을 고화질로 촬영해 자신의 홈페이지에 올리면서 덕질에 도움을 주는 사람이라는 의미로 쓰인다.

스밍

'스트리밍'의 줄임말. 일반적으로 음원 사이트에서는 음악이 재생되는 횟수나 시간을 기준으로 순위를 정하고 공표하며, 각종 가요 순위 프로그램에서 이 스트리밍 재생 순위가 반영되기도 하기 때문에 자신이 좋아하는 아이돌의 노래를 스트리밍 순위 상위권, 또는 가요 순위 프로그램 상위권에 올리기 위해 재생하여 듣는 행위를 '스밍'이라고 한다.

총공

'총공격'이라는 의미로, 자신이 좋아하는 아이돌의 인기를 인위적으로 높이기 위해 집중적으로 지원하는 행위다. 예를 들어 새 앨범이 나오는 시간에 맞춰서 포털사이트에 접속해 아이돌의 이름과 곡명 등을 계속하여 검색어에 넣어 실시간 검색어 1위를 만드는 것 등을 의미한다.

비공굿

비공식 굿즈. 소속사나 대상이 공인한 것이 아닌, 팬들이 개인적으로 만든 제품을 말한다.

어그로

대상에 대해 악플을 달거나 타 팬을 향해 대상에 대해 반감을 일으킬 만한 행동을 하는 사람.

공방

'공개방송'의 줄임말. 음악 방송 녹화장에 직접 찾아가는 것까지를 의미한다.

사녹

'사전녹화'의 줄임말.

해투

'해외투어'의 줄임말. K팝 가수들이 해외에서도 인기를 끌자 월드투어 공연을 자주 하는데 일부 팬들의 경우 해외 공연 일정을 모두 따라다니기도 한다.

공출목

'공항, 출근길, 목격담'이라는 의미.

팬사

'팬사인회'의 줄임말.

팬사컷

'팬사인회 커트라인'의 줄임말로, 팬사인회에 당첨되기 위해 구입해야 하는 음반 CD의 수량을 의미한다.

조공

'조공'은 원래 옛날에 속국이 종주국에 예를 갖추어 재물을 바치는 행위 또는 그 재물을 일컫는 말이었다. 덕질에서의 조공이란 자신이 좋아하는 연예인에게 선물하는 행위나 그 선물 자체를 의미한다.

음지발언

아이돌 그룹 멤버들을 동성커플 등으로 만드는 것.

빙의글

대상인 척하거나 상대역이 돼 이야기를 만들어나가는 글.

공계

공식 계정. 스타들의 소속사나 관계자가 공식적인 소통 경로로 만든 SNS 계정.

부계정

사이트에서 자신이 주로 쓰지 않고 투표 등을 위해 만든 계정.

연성

대상의 얼굴이나 사진을 다른 사진이나 그림에 합성하는 것.

과질

'고화질'이라는 의미. 해상도가 높은 사진이나 동영상.

팬석

공연이나 방송 때 팬덤이 앉는 자리.

티켓팅

공연 등의 표를 구매하는 것.

예판

'예약판매'의 줄임말.

현판

'현장판매'의 줄임말.

떡밥

방송이나 콘서트 등 여러 가지 행사에서 나온 이야기나 사진을 통칭.

계

연예인과 우연히 만나거나, 선물 아이 콘택트, 상품 당첨 등을 의미.

덕계못

'덕질을 계속했는데, 계는 늘 못 탄다'의 줄임말. 열심히 덕질을 했지만 계에 해당하는 것이 하나도 이뤄지지 않음을 의미.

나눔

금전의 대가 없이 나누는 행위.

병크

'병신짓+크리티컬'. 루머나 부정적인 사건에 휘말렸을 때 주로 말한다.

바터치기

교환이라는 의미의 영어 '바터barter'와 '치기'의 합성어. 팬덤끼리 서로 협조해서 총공 등을 해주는 행위. 예를 들어 BTS 팬덤이 엑소의 팬덤을 위해서 실시간 검색어 총공을 해주고, 나중에 엑소 팬덤이 BTS를 위해 총공을 해주는 것.

"그 어려운 걸 자꾸 해냅니다, 내가!"

Part 4

한류 동호회
활동만 1억 명 시대

한류 드라마의 시작, 팬덤:
국내에서 해외로,
팬덤의 무한한 확장성

요즘은 K드라마, K팝 등 한국 콘텐츠에 K를 붙이지만 2000년대 초까지만 해도 '한류'라는 말이 해외에서 인기를 끄는 콘텐츠를 통칭했다. 우선 1990년대 중후반 드라마, 가요 등 한국 대중문화가 중국을 비롯해 일본, 동남아시아에서 유행하면서 '한류韓流' 혹은 'Korean Wave'로 사용한 것을 그 시작으로 보고 있다.

특히 MBC 드라마 〈사랑이 뭐길래〉가 1997년 중국 CCTV에서 방송될 당시 3,900만 명이 시청한 것으로 알려졌다. 워낙 인기가 폭발적이었던 까닭에 이후 재방송 요청이 쇄도하면서 수없이 방송됐다고 한다. 이어 〈별은 내 가슴에〉 등도 잇달아 사랑을 받으면서 한류가 중국을 비롯해 대만, 동남아시아 시장으로 진출하는 계기가 됐다.

이 역시 강력한 팬덤의 영향으로 볼 수 있는데 〈사랑이 뭐길래〉가 방송된 이후 시청자들의 요청으로 재방송이 편성되는 등 시청자들이 적극적이고 능동적인 자세로 의견을 반영하는 영향력을 행사했기 때문이다. 또한 한류 드라마 팬덤의 영향으로 중국, 대만 등에서 비슷한 드라마를 만들기 시작했고, 한국의 드라마를 노골적으로 카피하는 일까지 비일비재했다. 당시까지만 해도 저작권에 대한 개념이 미미했던 데다 특히 중국의 경우는 워낙 정보가 제한적인 나라이기 때문에 이를 파악하기조차 불가능했다.

한류 드라마가 인기를 끌면서 덩달아 아이돌 가수까지 인기를 얻게 됐다. 그 주인공은 바로 앞서 다룬 바 있는 아이돌 1세대 H.O.T.이다. 다시 한번 언급하자면 1996년 1집 앨범 'We Hate All Kinds Of Violence'로 데뷔한 H.O.T.는 한국에서도 획기적인 프로젝트였다. 현진영을 성공시킨 SM 이수만 대표가 현재의 K팝 시스템을 갖추면서 최초 선보였던 아이돌로 지나치게 상업적이라는 일부의 비판이 있었지만 소녀 팬들의 열광적인 지지가 이를 완전히 반전시켰다. 그리고 H.O.T.는 마침내 원조 한류 가수, 스타로 떠올랐다. 이처럼 팬덤은 무한한 확장성을 가진다. 한류도 결국 팬덤이 형성되지 않았다면 그저 흘러가는 유행에 지나지 않았을 것이다.

한류는 다시 더 강력한 팬덤이 돼서 글로벌 콘텐츠 시장의 중심으로 떠오르고 있다. 코로나 19로 인해 앞당겨진 '오프라인 시대의 종말'이라는 시대적 배경이 더해져 속도가 더욱 빨라지고 있다. 글로벌 온라인 동영상 서비스(OTT) 넷플릭스가 한국 드라마에 대대적인 투자를 하고 나선 것이다. 넷플릭스에 따르면 지난 2020년까지 한국 콘텐츠 시장에 투자한 금액은 7,700억이다. 이는 방송통신위원회가 공개한 2020년 기준 국내 시장 규모인 7,800억 원 수준이다. 또 넷플릭스는 2021년 콘텐츠 예산 20조 원 중 5,000억 원가량을 한국 콘텐츠 시장에 투자할 계획인 것으로 알려졌다.

이처럼 넷플릭스가 한국 콘텐츠 시장에 공격적인 투자를 하고 나선 이유는 바로 K드라마의 팬덤 때문이라는 분석이다. 실제로 지난해 넷플릭스의 회원 수는 2억 명을 돌파했는데, 2017년 1억 명을 넘긴 이후 3년 만에 다시 1억 명을 더 유입한 것이다. 특히 2020년에만 3,700만 명이 늘었고 이 중 4분기에만 850만 명이 증가했다. 물론 지난해 코로나 19로 인해 오프라인 극장 등이 고전하는 상황에서 반사이익을 본 것이기도 하지만, 특히 아시아 시장에서의 성장이 두드러진 점을 주목했다.

2020년 4분기 때 유럽·중동·아프리카에서 1,490만 명이 순증한 데 이어 아시아·태평양 지역에서 930만 명이 증가해 두 번째로 큰 증가폭을 보였다. 특히 아태 지역에서의 순증을 이끌었던 원동력을 넷플릭스는 K드라마로 보고 있었다. CJ 계열의 스튜디오드래곤이 제작한 〈스위트홈〉은 지난해 12월 공개 후 4주 동안 세계 2,200만 유료 구독 가구가 시청한 것 등이 대표적인 예다. 넷플릭스는 2020년 4분기 실적 발표 당시 〈스위트홈〉을 언급하기도 했는데 이는 동명의 웹툰이 원작으로, 〈태양의 후예〉, 〈도깨비〉, 〈미스터 선샤인〉 등의 히트작을 연출한 이응복 감독 작품이다. 이전에도 〈킹덤〉이 넷플릭스를 통해 방송되면서 'K좀비물'이라는 용어까지 나온 바 있다.

실제로 미국의 CNN 비즈니스는 2020년 2월 4일(현지 시각) 넷플릭스의 아시아 성장을 K드라마가 이끌고 있다고 보도하며 〈킹덤〉을 비롯한 K콘텐츠가 한국을 넘어 해외에서도 성공하고 있다고 전했다. 지난해 K드라마의 아시아 지역 시청률이 전년 대비 4배 증가했다는 점을 근거로 내세웠다. 김민영 넷플릭스 한국, 동남아시아, 호주 및 뉴질랜드 콘텐츠 총괄 부사장은 방송에 출연해 "현지 콘텐츠가 아시아에서의 사업 성장에 중요 요인임을 인지하고 있다"면서 "실제로 세계 각국에서 넷플릭스 한국 오리지널인 〈킹덤〉과 〈스위트홈〉 등 다양한 K콘텐츠를 즐기고 있다"고 말했다.

K드라마 팬덤의 확장성은 이렇듯 넷플릭스를 통해서 더욱 확대되고 공고히 될 가능성이 높다. 실제로 넷플릭스 드라마

를 통해 한국 배우들을 알게 된 이들도 속속 나타나고 있다. TV 예능 프로그램 〈윤스테이〉에 출연한 이란 유학생 부부는 배우 박서준과 정유미를 알아봤다. 이 부부는 정유미를 보고 곧바로 〈보건교사 안은영〉에 나왔다고 했고, 박서준을 향해서는 '박새로이'라고 말하기도 했다. 두 드라마 모두 넷플릭스를 통해서 방송됐고, 특히 〈보건교사 안은영〉은 넷플릭스 오리지널 시리즈로 넷플릭스에서만 방송된다.

영화 〈승리호〉의 경우는 코로나 19로 인해 극장 개봉을 늦추다가 결국 넷플릭스를 통해 먼저 공개됐다. 코로나 19로 인한 고육책이었지만, 공개와 동시 넷플릭스 인기 영화 세계 1위에 오르기도 했다. 아시아·태평양 지역 K드라마 팬덤의 영향력이 그대로 드러났다는 분석이다. 이 외에도 미국의 《포브스》지는 꼭 봐야 할 K드라마로 〈스타트업〉, 〈경이로운 소문〉, 〈결혼 작사 이혼 작곡〉 등을 추천했다. 모두 넷플릭스를 통해 방송된 드라마다.

한편 〈승리호〉가 한국 영화 최초의 넷플릭스 첫 공개 작품은 아니다. 2017년 공개한 봉준호 감독의 영화 〈옥자〉가 처음이다. 넷플릭스가 2017년 한국에 론칭하면서 오리지널로 제작한 〈옥자〉는 그해 칸 영화제에서 온라인 플랫폼 공개 작품 중 최초로 경쟁 부문에 진출했다. 이후 〈옥자〉 상영을 놓고 영화제 기간 내내 칸에서뿐만 아니라 국내에서도 논쟁이 벌어졌다. 결국 영화제 측은 오프라인 극장 상영작이 아닌 작품은 경쟁 부문으로 초청하지 않겠다는 규정을 내놓기도 했다. 한국에서는 멀티플렉스 극장 상영이 불발됐고, 대한극장 등을 통해 상영됐다.

코로나 19의 영향뿐만 아니라 팬덤의 확장성에 대한 기대감으로 인해 국내에서는 편성의 헤게모니도 변화하는 조짐이 벌어지고 있다. 이전까지만 해도 지상파, 케이블, 종합편성 채널 등 방송사에 가장 먼저 좋은 대본과 인기 작가가 몰렸지만 이제는 이러한 현상에도 변화가 나타나고 있다. 이를 반영하기라도 하듯 전지현이 출연하는 〈킹덤 아신전〉, 김혜수와 김무열이 출연하는 〈소녀심판〉, 전여빈이 출연하는 〈글리치〉 등 기대작이 넷플릭스를 통해 방송될 예정이다.

앞으로는 K드라마 등 콘텐츠 수출이라는 개념 역시 사라질 수 있다는 전망도 있다. K드라마를 비롯해 콘텐츠 수출 집계는 지금까지 제작사나 방송사들의 신고에 의존해왔는데 이역시 의무가 아니기 때문에 제대로 된 집계가 이뤄지지 않았다. 어느 작품을 어느 나라에 얼마를 주고 판권을 판매했는지 제대로 파악이 되지 않았다. 우리 드라마가 해외에서 인기를 얻고 있다는 것을 주로 외신이나 국제 뉴스 등을 통해 알았고 그때서야 드라마 수출 여부가 드러나는 경우도 많았다.

그러나 넷플릭스 등 OTT로 콘텐츠가 몰릴 경우 이제는 각

나라에 수출한다는 것이 무의미해질 터다. 여기에 넷플릭스뿐만 아니라 디즈니의 OTT 서비스 디즈니플러스까지 가세하면 모든 콘텐츠가 OTT로 몰리게 될 것이라는 전망이 힘을 얻고 있는 상황이다. 이렇듯 OTT 중심으로 콘텐츠 시장이 개편될 경우 음반 시장에서 디지털 음원으로 전환되며 일어났던 격변이 그대로 연출될 것으로 보인다. 물론 음반 시장과 드라마 제작 시장은 다르지만 그만큼 기존의 제작사, 방송사 등이 힘을 잃게 될 수 있다는 얘기다. 여기에서 더 나아가 방송 광고 시장 역시 격변이 일어날 수 있다.

우선 드라마 시장의 미래를 전망하기 전에 기억해야 할 역사가 있다. 드라마 〈태양의 후예〉를 전후로 중국 자본이 한국 시장에 대거 유입됐다. YG에는 텐센트계열, SM에는 알리바바가 각각 지분을 보유하고 있었다. 하정우라는 톱배우를 발굴해낸 판타지오는 아예 중국 자본인 JC그룹의 한국 계열사 골드파이낸스코리아가 최대 주주에 올라서기도 했다. 이후 창업자인 나병준 대표를 해임하는 등 내홍을 겪었다.

넷플릭스 등 OTT의 자본으로 K콘텐츠가 제작되고 중심이 완전히 OTT로 넘어갈 경우 국내 방송사들이 직면할 위기는 불 보듯 뻔하다. 시청자들은 넷플릭스로 이동하고, 옮겨간 시청자들을 끌어들이기 위해 국내 방송사들은 양질의 콘텐츠를 제작해야 하지만 이 역시 주도권이 OTT로 넘어갈 경우 역으로, 넷플릭스로부터 K드라마 판권을 구입해 국내 방송사에서 방영해야 하는 현상이 초래될 수 있다. 이런 일이 불가능한 것만은 아니다.

물론 K드라마를 비롯해 K팝 등의 콘텐츠가 성장한 데는 글로벌 팬덤의 영향력이 커짐에 따른 이유가 크고, 또 이로 인해 한국 문화가 주류로 떠오를 수 있는 가능성을 높인 것을 부인할 수 없다. 더 이상 한국만의 콘텐츠는 없다는 것도 맞는 말이다. 그럼에도 불구하고 글로벌 팬덤이 더해진 OTT 시장의 확대로 인해 변화를 맞게 될 국내 콘텐츠 시장은 안개가 자욱한 터널로 향하고 있다.

한류 팬덤의 성장: 한류 동호회 활동만 1억 명 시대

    글로벌하게 팬덤이 형성된 한류는 이제 한국 산업에서 가장 성장 가능성이 큰 분야로 주목받고 있다. K드라마에서 시작해 K팝으로 그리고 이제는 뷰티, 패션, 웹툰, 게임, 의료, 관광 등으로 그 영역이 확대되고 있다. 글로벌 팬은 더 이상 한국 대중문화의 한 분야에만 관심을 두지 않는다. 드라마에서 시작했든 K팝에서 시작했든 이제 한국의 모든 문화와 생활에 대한 관심으로 확대됐다.

    한국국제교류재단이 2012년부터 발간하기 시작한 '지구촌 한류현황'에 따르면 2019년 12월 기준 98개국에서 1,709개의 한류 동호회가 결성됐다. 전체 회원은 무려 9,932만 명으로 약 1억 명에 달한다. 동호회에 가입하지 않은 이들까지 합친다면 한류를 향유하는 글로벌 인구는 이보다 훨씬 많을 것으로 보인다.

'지구촌 한류현황'에 따르면 2014년부터 한류 동호회를 비롯해 회원 수는 꾸준한 증가세를 보이고 있다. 동호회 수를 살펴보면 2014년 1,254개, 2015년 1,495개, 2016년 1,635개, 2017년 1,594개, 2018년 1,843개, 2019년 1,799개로 2017년 주춤하다 2018년 급증했다. 이는 BTS의 글로벌 팬덤 형성 시기가 맞물린 것으로 볼 수 있다. 초기에 별반 주목받지 못했던 BTS는 국내에서보다 해외에서 강력한 팬덤을 형성했는데, 이것이 한류 동호회의 증가로도 이어졌다고 본다.

동호인 수 역시 2014년 이후 계속해서 증가세를 나타내고 있는데 2014년 2,170만 명, 2015년 3,562만 명, 2016년 5,838만 명, 2017년 7,312만 명, 2018년 8,919만 명, 2019년 9,932만 명으로 한 해도 빠짐없이 한류 동호회 회원 수가 증가했다. 특히 2019년에는 전년 대비 11%(1,000만 명)나 증가하면서 한류 팬 1억 명 시대에 성큼 다가갔다. 물론 동호회에 가입하지 않은 팬들을 합산한다면 이미 한류 팬덤은 1억 명을 훌쩍 넘어섰을 것으로 보인다.

회원 수가 급증한 시기 역시 주목할 필요가 있다. 2017년은 BTS가 K팝 그룹으로는 최초로 '빌보드 뮤직 어워드', '아메리칸 뮤직 어워드' 무대에 잇달아 오른 해다. BTS는 데뷔 초기부터 북미를 비롯해 유럽의 1020세대가 페이스북보다 더 많이 이용하는 트위터를 통해 글로벌 팬들과 직접 소통했다. SNS가 소통의 채널이 되면서 글로벌 팬덤 형성으로 폭발력을 발휘하기 시작한 때가 2016년이다. 당시 국내에서는 엑소의 팬덤이 더욱 막강했지만 이 시기를 지나면서 아이돌 톱 자리는 BTS에게로 넘어갔다. 당시 언론들은 BTS의 인기에 대해 "해외에서 먼저 알아봤다"라고 분석했다.

2014년부터 2016년은 한류가 가장 빠르게 확대된 시기로, 한류 팬덤에서 가장 중요한 시기라고 할 수 있다. BTS뿐만 아니라 송중기, 송혜교 주연의 〈태양의 후예〉가 중국을 비롯해 동남아시아 등에서 커다란 인기를 끌며 '제2의 한류 르네상스'라는 평가를 받았기 때문이다. 이미 K드라마가 글로벌 인기를 끌고 있기는 했지만 〈태양의 후예〉의 폭발적인 인기로 인해 다시 한번 K드라마, 한류의 열기가 재점화되었다.

앞서도 이미 살펴보았지만 특히 중국에서 송중기와 〈태양의 후예〉의 인기는 상상을 초월할 정도였다. 2016년 3월 12일 중국 공안의 4대악 척결본부 웨이보에는 '(중국의) 한국 드라마 팬들은 조심! 〈태양의 후예〉에 잠복해 있는 폐해 경보'라는 제목의 글이 올라오기도 했다. 이렇듯 중국에서 '국민 남편'으로 불리며 하나의 사회 현상을 이끌었던 송중기는 한한령으로 중국 입출국이 제한되기 전까지 팬사인회를 비롯해 광고 등 중국에서의 활동 수익만 당시 1,000억 원대에 이를 것이라는 전망도 있었다.

사정이 이러하니 한한령에도 불구하고 한류 팬덤 자체가 위축되는 양상은 아니었다. 2017년 중국 내 동호회 수는 전년 대비 10%(7개)가 감소했고, 같은 기간 동호회원 수도 1% 정도밖에 줄지 않았다. 한한령으로 인한 한중 관계 경색이 한류 팬덤을 위축하는 요인이 되지 않았던 것이다. 이는 한류 팬덤이 얼마나 굳건한지를 보여주는 한 사례로 정치 이슈에 흔들리지 않는다는 것을 의미할 뿐 아니라 한류 팬덤의 저력을 역설해 보여주었다고 할 수 있다.

무엇보다 2019년은 한류 팬덤이 글로벌 시장에서 재도약한 시기였다. 동호회 개수와 회원 수 측면에서 양적 성장이 두드러졌다. 한국국제교류재단에 따르면 한류 동호회가 있는 국가만도 98개로 증가했으며, 회원 역시 1억 명을 기록했다. 이는 동호회를 통해 활동하는 회원 수만이 집계된 것이고 비회원 활동 팬덤까지 합치면 당연히 그 규모 역시 커진다.

또 주목해야 할 것은 한류 팬덤 연령의 스펙트럼이 넓어지고 있다는 점이다. 1990년대 10대, 20대였던 팬들, 다시 말해 '한류 1.0세대'가 이제는 적어도 30대 이상이 됐고 BTS, 블랙핑크, 트와이스 등의 팬덤은 현재 1020으로 '한류 2.0세대'임을 볼 때 그 폭이 10대부터 50대 이상까지 확장하고 있다고 볼 수 있는 것이다.

'한류 2.0 시대'가 되면서 콘텐츠를 이용하는 채널이 모바일, 온라인으로 변화함으로써 팬덤 역시 폭발적으로 증가하는 효과를 나타내고 있는 점도 고무적이다. 과거 오프라인 시절엔 확장성의 속도가 느렸지만 유튜브 등 새로운 SNS 채널은 팬덤의 확장성을 보다 크고 빠르게 만들고 있다. 1990년대 말에서 2000년대 초까지만 해도 K팝, K드라마 등이 현지에서 방송되는 데 짧게는 몇 달, 길게는 몇 년을 기다렸지만 이제는 한국과 거의 동시에 실시간으로 시청하고 청취할 수 있게 됐기 때문이다.

또 SNS를 통해 좋아하는 콘텐츠를 공유하는 문화는 한류 팬덤의 확장성을 더욱 강력하게 하고 있다. 더불어 이러한 확장성은 또 다른 분야의 팬덤을 만들어내는 역할도 하고 있다. 한 예로, 한국 최초 라면 회사였지만 '만년 3위'를 면치 못했던 삼양라면은 이제 1, 2위인 농심과 오뚜기를 위협할 만큼 매출액이 성장하고 있다. '불닭볶음면'을 소재로 한 '먹방' 영상이 SNS를 타고 인기를 얻으면서 예기치 않게 '한류 푸드'로 떠올랐기 때문이다. 이뿐만 아니라 걸그룹, 여배우들의 인기에 힘입어 패션, 뷰티 등은 K뷰티, K패션으로 불리면서 아시아 시장을 리드하고 있다.

이 밖에도 한류의 위상이 얼마나 격상됐는지 보여주는 사례가 속속 등장하고 있다. 평생 하나만의 히트곡을 보유한 가수를 의미하는 '원 히트 원더' 인기가 아니라 이제 한류는 세계인의 문화의 일부로 자리 잡게 되었다. 그 화룡점정은 바로 2019년 봉준호 감독의 영화 〈기생충〉이 칸 영화제에 이어 가장 보수적인 영화제라고 할 수 있는 아카데미에서 2020년 최고상에 해당하는 작품상을 수상한 것이다. 미국의 수많은 지역 영화제에서 수상을 하기는 했지만 오스카까지 거머쥘 것이라고는 예상치 못했던 게 사실이다. 배우, 감독, 제작자조차 가능성을 높게 보지 않았다. 그러나 아무도 현실이 되리라고 생각지 못한 일이 실제로 벌어졌다.

물론 미국 영화상을 수상하는 것이 세계를 재패하는 것이냐라는 식의 시각이 있을 수 있지만, 영화제의 특징과 미국 사회의 분위기를 감안하면 이는 기적에 가깝다고 볼 수 있다. 영화제는 흑인에게 보수적이었고 게다가 2020년 당시는 트럼프가 집권하던 시기였기 때문이다. 물론 문화계는 반反 트럼프 분위기였지만 〈기생충〉의 수상을 장담할 만큼은 아니었다. 〈기생충〉의 수상 이전 BTS가 미국에서 거둔 눈부신 성과가 있기도 했지만, 영화라는 서사 장르는 조금 다르다. 봉 감독도 수상 소감에서 이야기했듯 언어의 장벽이 높기 때문이다. 그는 이를 에둘러 "1인치도 안 되는 언어의 장벽을 넘으면 더 다양한 영화를 볼 수 있다"고 말한 바 있다. 자막을 보기 싫

어하는 미국 관객들을 염두에 둔 발언이었다.

또 구글 유튜브가 발표한 '2019 유튜브 리와인드' 결과는 K 팝과 한류 콘텐츠가 강세를 보였다. 블랙핑크의 「킬 디스 러브」가 올해 글로벌 유튜브 최고 인기 뮤비 8위에 올랐고, '좋아요' 순위는 3위에 올랐다. 특히 최고 '좋아요'를 받은 뮤비 부문에서 BTS의 「작은 것들을 위한 시」가 2위, 제이홉 솔로곡 「치킨 누들 수프」는 9위를 차지했다.

이 밖에도 국내 콘텐츠 스타트업 스마트스터디의 「핑크퐁 상어가족」을 미국 안무가 필 라이트가 재해석한 콘텐츠 역시 2019년 가장 사랑받은 안무 영상으로 꼽혔으며 방송인 장성규의 솔직한 직업 체험기 〈워크맨〉이 2위, 백종원의 외식업 노하우 〈백종원의 요리비책〉이 3위, 일상 음식 레시피 공유 채널 〈하루한끼〉가 7위에 올랐다.

글로벌 한류
팬덤 현황

가장 커다란 팬덤, 중국

2020년은 누구도 예상하지 못했던 신종 코로나바이러스 감염증으로 인해 문화 활동 자체가 중단됐다. 비대면 콘서트, 온라인 미팅 등이 대안으로 떠올랐지만 한류, 팬덤의 변화라고 하기에는 무리가 따른다. 그러나 2019년까지의 흐름을 통해, 한류 팬덤이 형성된 지 24년가량이 된 지금 지역별로 어떻게 다른 특징이 나타나고 있는지 분석이 가능하다.

우선 한류 팬덤의 규모가 가장 큰 중국부터 살펴보자. 중국의 한류 동호회원 수는 5,000만 명으로 동호회를 통해 활동하는 한류 팬 1억 명 중 절반을 차지한다. 또 중국은 '글로벌 한류 팬덤'의 진원지라는 평가를 받을 만큼 K드라마를 비롯해 K 팝 등 K콘텐츠 팬덤의 역사가 깊다.

중국에서 한류 역사의 시작을 살펴보면 1992년으로 거슬러 올라간다. 1992년은 한국과 중국이 수교를 맺은 해로 그해 8월 중국에서 한국 대중문화가 공식적으로 소개됐고, 최수종과 고故 최진실 주연의 MBC 드라마 〈질투〉, 박상원, 채시라, 최재성 주연의 MBC 드라마 〈여명의 눈동자〉 등이 방송됐다. 이후 1997년 〈사랑이 뭐길래〉와 〈별은 내 가슴에〉가 선풍적인 인기를 끌면서 한류라는 용어도 생겨나게 됐는데 특히 〈사랑이 뭐길래〉는 수입 작품 시청률 2위에 오를 정도로 신드롬에 가까운 인기를 누렸다. 그리고 이어 2005년 중국 후난위성TV에서 방송된 이영애 주연의 〈대장금〉은 시청률 14%를 기록하며 드라마 부문 시청률 1위에 오르는 기염을 토하기도 했다.

중국 한류의 시작은 드라마였지만 1998년 한국 가요 번안곡들이 인기를 얻으면서 가요에 대한 관심이 높아짐에 따라 당시 한국 최고 인기 아이돌 그룹이자 1세대 아이돌 H.O.T.가 중국에서도 최고의 인기를 누렸다. 2000년 베이징 콘서트 이후 H.O.T.는 더욱 인기를 얻었으며 데뷔 20년이 넘은 지금까지도 중국 팬덤이 확고하다. H.O.T.의 멤버들은 여전히 중국 활동을 이어가고 있으며, 한한령과 코로나 19로 인해 한국행이 쉽지 않은 팬들은 직구를 통해 H.O.T.의 굿즈를 구매하고 있다. 굿즈 금액보다 배송비가 더 많이 들어가는데도 불구하고 말이다.

이처럼 중국 내 한류 팬덤이 확고해질 무렵 중국 방송 정책을 총괄하는 광전총국은 2006년 8월 '드라마 수입에 대한 관리통지'를 제정하여 나라별로 드라마 심의통과 편수를 제한하고 심의 기준을 강화하는 등 폐쇄적인 문화 정책을 펴게 됐다. 외국 드라마를 제한한다고 했지만 이는 사실상 한국 드라마에 대한 제한을 의미했다. 한국 드라마의 인기가 높아지면서 이를 통제할 필요성이 있다는 중국 정부의 판단에 따른 것이라는 분석이 대세다. 특히 황금시간대인 저녁 7시부터 10시까지 해외 프로그램 방송을 금지해 당시 한국 드라마 수입 건수가 중국 내에서 일시적으로 감소했으나, 이후 다시 증가하는 추세를 보였다. 팬덤이 강력하면 어떤 제한 정책이라도 소위 말해 '약발'이 먹히지 않는 것이다. 오히려 풍선효과까지 야기해 정식 수입이 아닌 다른 유통 경로를 통해 한국 드라마를 시청하는 현상까지 벌어졌다. 2012년 중국 광전총국의 한국 드라마 수입 건수는 〈마이 프린세스〉, 〈제빵왕 김탁구〉 등을 포함하여 총 12편이었다.

또 한국 드라마 팬덤이 강력해지자 2016년부터 중국 동영상 업체들이 유료 서비스로 전환한다. 2015년까지는 〈별에서 온 그대〉가 무료로 이용이 가능했다. 유료 서비스로 전환할 때 우려도 있었던 것으로 알려졌지만 결과는 대성공이었다. 대형 온라인 동영상 사이트인 아이치이를 통해 방송된 〈태양의 후예〉도 유료로 서비스됐는데 인기에 힘입어 유료회원 수가 50% 증가했다.

여기서 잠깐 〈별에서 온 그대〉에 관한 재미있는 이야기를 하나 하자면, 이 드라마는 SBS TV를 통해 2013년 12월 18일부터 2014년 2월 27일까지 방송됐는데, 거의 같은 기간 아이치이를 비롯한 중국 내 여러 동영상 사이트를 통해 40억 뷰에 가까운 조회 수를 기록했다. 동영상에서 이처럼 인기를 끌자 2년 만인 2016년 중국 TV에서 〈별에서 온 그대〉를 방영하며 외계인 도민준(김수현)의 신분을 소설가로 바꾸는 등 편집 작업에 들어갔다. 텔레비전 방송물에 대해 엄격한 기준을 적용하는 중국 당국의 심의 과정에서 외계인이나 귀신 등을 금기시하는 규정이 걸릴 수 있었기 때문이다. 소설가로 신분이 세탁되기는 했지만 이미 온라인으로 드라마를 시청했던 중국인들에게는 이러한 설정도 문제가 되지 않을 만큼, TV로 보게 된 것만으로도 만족할 만큼, 강력한 팬덤이 작용했다.

신드롬이라는 단어로밖에 표현할 수 없는 인기를 누린 〈태양의 후예〉 방송 종영 직후 한한령으로 타격을 받은 드라마도 물론 많았다. 〈사임당, 빛의 일기〉, 〈함부로 애틋하게〉 등 한중 합작 드라마의 중국 방영이 잠정 중단되고 배우들의 팬미팅이

돌연 취소되는 등 한파가 덮친 것이다. 그러나 2017년 〈도깨비〉가 사랑을 받으면서 배우 공유도 한류 스타의 반열에 올랐다. 이외에 〈응답하라 시리즈〉, 〈알함브라 궁전의 추억〉, 〈김비서가 왜 그럴까〉 등 tvN 드라마 역시 인기를 끌었다. 또 〈스카이 캐슬〉과 유사한 대입 수험생을 둔 가족의 이야기를 그린 〈소환희〉, 아이유 주연의 〈호텔 델루나〉도 중국인들이 사랑하는 드라마였다.

한편 예능 프로그램의 경우는 포맷 사용권을 얻어 리메이크해서 방송하는 것이 중국 방송계의 트렌드로 자리 잡았다. 〈런닝맨〉은 〈달려라 형제〉로 방송되며 중국 예능 프로그램 시청률 1위를 기록할 만큼 인기를 끌었고 중국판 〈윤식당〉인 〈중찬팅〉도 인기리에 방송됐다.

뿐만이 아니다. 한국 드라마 팬덤은 이민호, 김수현, 전지현 같은 배우들이 중국에서 초콜릿, 우유, 아이스크림, 핸드폰, 빵 등 수많은 제품의 광고 모델로 활약하게 했다. 특히 〈별에서 온 그대〉의 팬덤은 예상하지 못한 경제 효과까지 만들어냈다. 극중에서 전지현(천송이)이 '치맥'을 먹는 장면이 자주 등장하는데 이는 곧바로 '치맥 신드롬'으로 이어졌다. 〈태양의 후예〉 송중기 이야기도 빼놓을 수 없다. 그는 공식 팬클럽 팔로워 100만 명을 돌파하는 큰 인기를 누렸다.

반면 영화의 중국 내 팬덤은 드라마에 비해서 약하다. 그럴 수밖에 없는 이유는 중국의 외국영화 수입 편수 제한 정책 때문이다. 이 때문에 중국에서 개봉되는 한국 영화는 연평균 4편 정도다. 그럼에도 2001년 〈엽기적인 그녀〉 상영 이후 중국에서도 한국 영화에 대한 팬덤이 급속하게 증가했다.

한국 영화에 대한 중국 내 수요 인구를 충족시키기 위해 택한 방법은 바로 한중 합작 방식이었고 이로써 2010년 이후 〈이별계약〉, 〈미스터 고〉, 〈만추〉 등이 제작됐다. 특히 〈신과 함께〉 1, 2 모두 천만 관객을 동원한 김용화 감독이 연출한 〈미스터 고〉는 광전총국이 한중 합작 영화의 가장 이상적인 모델로 평가하기도 했다.

최근 들어서는 중국의 직접 투자로 제작된 영화들도 높은 흥행수익을 올리고 있다. 〈수상한 그녀〉를 리메이크한 〈20대여 다시 한번〉은 2016년 1월 중국에서 개봉해 3억6,500만 위안(약 610억 원)의 흥행수익을 올렸고, 중국판 〈블라인드〉인 〈나는 증인이다〉도 2015년 11월 개봉 이래 2억1,500만 위안(약 360억 원)의 흥행수익을 기록하며 인기를 끌었다.

가수에 있어서는 H.O.T. 클론, 이정현, 장나라, 안재욱 등을 시작으로 동방신기, 슈퍼주니어, 엑소, BTS 등 대부분의 아이돌이 중국 내에서 강력한 팬덤을 형성했다. 2012년에는 「강남스타일」이 큰 인기를 얻어 싸이의 웨이보 팔로워 수가 한국 스타들 중 2위에 올라서기도 했다. 또한 2016년 중국판

〈나는 가수다〉에 출연해 최종 3위에 오른 황치열은 중국 진출 8개월 만에 북경에서 첫 번째 단독 콘서트를 열었는데 전석 매진을 기록하며 높은 인기를 과시했다. K팝의 중국 내에서의 인기로 인해 다국적 멤버를 포함하는 트렌드까지 생겨나 엑소, F(x), NCT 등 여러 아이돌 그룹에 중국인 멤버가 유행처럼 포함됐다.

한류 팬덤에 힘입어 K뷰티 역시 중국에서 가장 강력한 팬덤 중 하나가 됐다. 중국 여성들의 한국 미용에 대한 선호도가 매우 높아 한국 미용실, 한국인 의사가 상주하는 성형외과, 한국 화장품이 인기를 끌고 있는 가운데 2015년 대중국 화장품 수출 규모가 10억 달러를 돌파하며 2013년부터 연평균 두 배 이상의 성장을 거듭하고 있다. 실제로 중국 백화점 내에서 설화수, 더페이스샵, 이니스프리, 미샤 등 한국 브랜드 매장을 쉽게 찾아볼 수 있다.

대만

대만에서도 한국 드라마에 대한 열기는 뜨겁다. 한국에서 방송되는 드라마의 50% 이상이 빠르면 한 달 이내, 늦어도 2~3개월 이내 모두 방송될 정도다. 중국과 달리 대만에서는 한국 영화 역시 인기를 끌었다. 72회 칸 영화제에서 황금종려상을 수상한 봉준호 감독의 〈기생충〉은 대만에서 '기생상류寄生上流'라는 제목으로 개봉해 2주 연속 박스오피스 3위를 차지했다. 또 개봉 10일 만에 3,500만 대만 달러의 수익을 냈다. 이는 대만에서 지난 20년 동안 개봉했던 칸 영화제 황금종려상 수상작 중 최고 기록이다.

대만에서는 실시간으로 한국 방송을 시청하거나 K팝 유튜버의 방송을 시청하는 트렌드가 빠르게 확산하고 있다. 또 한국에서 인기가 많은 '먹방'이 대만에서도 그대로 호응을 얻자 K푸드, 즉 한식에 대한 관심도 높아지고 있는 것으로 나타났다. 2021년 2월 관세청 수출입무역통계에 따르면 지난해 김치 수출액은 1억4,451만 달러로 전년(1억499만 달러)보다 37.6% 늘어난 것으로 나타났다. 이는 역대 최대치였던 2012년(1억661만 달러) 수준을 훨씬 넘어선 수치다. 지난 한 해 한국에서 수출한 김치를 100만 달러 이상 수입한 국가도 14개국에 이른다. 국가별 수출액은 일본이 전년 대비 28.8% 늘어난 7,111만 달러로 전체 수출의 절반 가까이인 49.2%를 차지했다. 이어 미국(2,306만 달러), 홍콩(776만 달러), 대만(587만 달러) 호주(564만 달러), 네덜란드(515만 달러) 순이었다. 대만이 4위를 차지한 것이다.

대만에서 한류 드라마가 인기를 얻은 시점은 2000년경이다. 1997년 중국에서 처음으로 한국 드라마가 방송된 이후 점차 대만으로 인기가 퍼져나간 것인데 2000년 〈불꽃〉, 〈가을동화〉가 대만에서 방영된 뒤 한류의 열기가 점점 고조됐다. 특히 2004년 방송된 〈대장금〉은 시청률 6.22%라는 경이적인 기록을 세우며 대만에서 한류 드라마 팬덤의 중심이 됐다. 대만에는 현재 5개의 지상파 TV 채널과 104개 유선방송 채널이 있기 때문에 시청률 1%만 되어도 상당히 높은 시청률이라고 할 수 있다.

대만에서는 2000년부터 2018년까지 927편의 한국 드라마가 방영되었다. 그 가운데 〈태양의 후예〉, 〈응답하라 1988〉, 〈또 오해영〉, 〈푸른 바다의 전설〉, 〈도깨비〉, 〈고백부부〉, 〈김비서가 왜 그럴까〉, 〈호텔 델루나〉 등의 인기가 상당했고 배우 중에서는 공유, 송중기, 송혜교, 박보검, 이종석, 이지은(아이유)이 인기가 많다. 물론 대만에서 K콘텐츠 중 가장 인기 있는 장르는 K팝이며 매월 아이돌의 팬미팅, 콘서트가 성황리에 개최되고 있다. 특히 '슈퍼주니어'의 노래는 대만 최대 온라인 음악 사이트 'KKBOX'의 한국 음악 톱 100 차트에서 2010년 6월 첫 주부터 2012년 4월 넷째 주까지 총 100주간 1위를 지키는 기염을 토했다.

대만의 한류 팬덤은 1030 여성이다. 과거부터 한국 드라마를 좋아했던 40대 이상 여성들도 있다. 이들은 2000년대 초반까지만 해도 텔레비전을 통해 K팝을 접했지만, 최근에는 한국 방송을 실시간으로 보기도 하고, 유튜버의 영상을 구독 시청하는 등 시청 채널과 트렌드가 변화하고 있다.

홍콩

홍콩 한류 팬덤의 시작은 〈대장금〉이다. 2005년 방송 당시 280만 명이 시청하는 등 돌풍을 일으킨 드라마로 〈대장금〉 방영 이후 한국의 전통문화와 음식에 대한 관심이 높아지면서 '한류'가 시작됐다. 특히 이전까지만 해도 홍콩은 일본 드라마를 주로 시청했지만 〈대장금〉을 기점으로 한국 드라마에 대한 선호도가 높아져 트렌드가 변화하게 됐다. 또 〈대장금〉은 종영한 지 10여 년이 지났음에도 홍콩 케이블 TV의 오후 시간대 편성돼 초기 한류를 주도했던 시청자들에게 '레트로 드라마'로 다시 인기를 얻고 있다.

〈별에서 온 그대〉, 〈태양의 후예〉 역시 홍콩 한류 팬덤에서 빼놓을 수 없는 작품이다. 특히 전지현이 〈별에서 온 그대〉에 출연한다는 소식이 전해지면서 홍콩이 들썩였다고 한다. 영화 〈엽기적인 그녀〉를 통해 만났던, 신선하고 충격적이었던 전지현의 캐릭터가 오랫동안 사랑받았기 때문이다. 대중뿐만 아니라 중화권 톱스타까지 전지현과 김수현에게 빠져들어 홍콩의 번화가인 코즈웨이베이, 몽콕 등의 쇼핑센터에서는 '천송이 스타일'을 표방한 화장품과 장신구가 불티나게 팔려나갔다고 한다. 또 이 드라마가 방송되는 날이면 홍콩의 소셜미디어에는 드라마 리뷰만 수만 건씩 올라왔고, 대규모 팬카페가 개설되어 드라마 팬들 사이 '교류의 장' 역할을 했다. 중국에서와 마찬가지로 천송이가 먹었던 '치맥'이 홍콩에서도 커다란 인기를 끌어 홍콩 내 한국 치킨 전문점들이 호황을 누리기도 했다. 굽네치킨, 네네치킨은 홍콩 내에서만 5개 이상의 매장이 있으며, BHC도 2018년 홍콩에 진출했다.

가장 강력한 한류 팬덤을 말하자면 대만에서도 〈태양의 후예〉를 빼놓을 수 없다. 방송 당시 송중기와 송혜교 팬미팅이 연일 언론을 장식했다. 특히 송중기는 현지 언론에 의해 한류 스타의 일인자로 손꼽히기도 하였다. 드라마 삽입곡 또한 좋은 반응을 얻어 대부분이 홍콩의 K팝 차트 10위권에 진입했고, 극 중 송중기의 '~지 말입니다'로 끝나는 군인 말투도 화제를 모아 많은 모방과 패러디를 생산해냈다.

〈도깨비〉는 공유와 이동욱 등 한류 스타가 출연하는 데다 한국의 귀신인 도깨비와 저승사자의 내용을 다룬 독특한 설정으로 홍콩 시청자들을 사로잡았다. 이 역시 드라마 OST가 사랑을 받아 종영이 일 년이 지난 시점까지 음악 차트 상위권에 랭크되는 현상이 일어났으며, 드라마의 촬영지인 강릉, 인천 등은 홍콩 관광객들이 찾는 필수 코스로 자리 잡았다.

2019년에는 아이유와 여진구가 출연한 〈호텔 델루나〉의 인기가 대단했다. 드라마 OST도 크게 주목받아 수록곡 대부분이 음반 차트 상위권에 장기 랭크됐다. 드라마 속에 등장한 목포, 인천 등을 찾는 홍콩인들도 늘어 〈겨울연가〉, 〈도깨비〉 등에 이어 그곳이 '한류 드라마 성지'로 불리기도 했다.

또 2018년부터는 음식과 여행을 소재로 한 〈삼시세끼〉, 〈정글의 법칙〉, 〈윤식당〉 등이 특히 높은 시청률을 보였다. 더불어 〈부산행〉, 〈신과 함께〉 1, 2 등도 새로운 기록을 세우며 한국 영화에 대한 관심으로 이어졌다.

홍콩 내 K팝 열풍의 시발점은 2006년 전후다. 1세대 한류 전파의 일등 공신은 동방신기였고, 이후 슈퍼주니어와 1세대 아이돌인 신화가 그 계보를 이어가는 독특한 구조를 띠었다. 물론 「강남스타일」의 싸이 역시 홍콩에서 돌풍을 일으켰다. 이러한 분위기 속에서 빅뱅이 홍콩에 진출하며 K팝의 인기는 정점에 이르렀고, 이때부터 현재까지 K팝은 홍콩에서 굴곡 없는 전성기를 누리고 있다.

특히 아시아 최대 음악 축제인 CJ ENM의 '마마MAMA(Mnet Asian Music Awards)'가 홍콩에서 여러 차례 개최되는 등 중화권의 K팝 성지로 떠올랐다. 홍콩인들이 K팝에 열광하게 된 이유로는 과거 홍콩을 점령하다시피 했던 J팝(일본 대중음악)을 초월하는 대중성과 세련된 음악성, 그리고 가수들의 뛰어난 외모와 매력이 꼽힌다는 게 전문가들의 의견이다. 또 산업화된 한국 연예기획사들의 아낌없는 투자로 재능과 실력을 겸비한 가수들이 끊임없이 발굴되고 있다는 점도 K팝의 발전과 인기 비결이라는 평가를 받고 있다.

K팝의 팬덤과 전성기를 주도한 빅뱅 그리고 이를 이어받은 아이돌이 엑소, BTS다. 무엇보다 2014년부터 2016년까지 K팝 팬덤은 빅뱅이 이끌었다고 해도 과언이 아니다. 발매한 곡마다 음원 차트를 석권하며 세계적 스타의 저력을 과시했다. 2015년 발매한 새 앨범 'MADE'에 수록된 「뱅뱅뱅」, 「루저」, 「베베」 등이 인기를 끌었고, 덩달아 과거 히트곡이 순위권에 줄줄이 올라 이른바 '빅뱅 노래 줄 세우기 현상', '역주행 현상'이 일어났다. 특히 빅뱅의 리더 지드래곤은 홍콩 젊은이들 사이에서 패션 아이콘으로 유명하며 가장 닮고 싶은 스타 중 한 명으로 꼽히기도 했다.

빅뱅의 인기는 2011년 데뷔한 엑소가 이어받았다. 엑소는 2015년 콘서트를 열며 홍콩에 진출했고 이후 빅뱅 못지않은 인기를 누렸다. BTS는 국내보다 해외에서 먼저 인기를 끈 특이한 경우로 국내에서는 잘 알려지지 않았을 시기에 태국, 인도네시아, 대만 등에서는 이미 K팝을 대표하는 가수였다. 유튜브, 페이스북 등 소셜미디어를 활용해 지속적으로 많은 콘텐츠를 해외에 내보낸 전략이 통했던 것이다. 빅뱅과 엑소를 접하며 K팝에 마음을 연 해외 팬들은 BTS의 '칼군무'에 매료되었고 홍콩에서도 2014년의 히트곡 「쩔어」를 시작으로 팬덤이 급격히 팽창했다.

홍콩에서 '원조 한류 걸그룹'으로 꼽히는 원더걸스와 투애니원의 인기를 잇는 아이돌 스타들도 대거 등장했다. 블랙핑크, 트와이스, 모모랜드, 에이핑크, 잇지 등이 그 대표 주자로 이들은 KKBOX, 아이튠즈 등 홍콩 음반 차트 상위권을 장악하며 K팝의 새로운 역사를 쓰고 있다.

예능 프로그램 중에서는 〈런닝맨〉이 역시 홍콩에서도 '대박'을 냈다. 이후 2017년경부터 더욱 다양한 한국 예능물이 홍콩 채널에 편성됐는데 여행, 요리를 주제로 한 생활 예능이 시청자들의 사랑을 받고 있다. 이는 한국의 트렌드가 그대로 전달된 예로 아시아권에서 K콘텐츠가 대중문화를 주도하고 있는 현상으로도 분석된다.

홍콩에서 최고 흥행 기록을 보유한 한국 영화는 〈엽기적인 그녀〉이며, 전지현은 이 영화 한 편으로 홍콩 최고의 한류 스타로 부상하기도 했다. 이후 2016에는 박찬욱 감독의 〈아가씨〉가 홍콩에서 개봉해 호평을 받았다. 같은 해 8월에는 K좀비 영화 〈부산행屍殺列車〉이 홍콩 박스오피스 1위로 급부상하고, 개봉 주에만 2,167만8,611 홍콩 달러(한화 31억 원)를 벌어들여 박스오피스 2, 3위 영화 수입 합계의 10배 이상을 기록했다. 〈부산행〉은 결국 〈엽기적인 그녀〉의 기록을 깨며 역대 한국 영화 박스오피스 1위에 등극하였고, 박스오피스 총 매출액은 약 100억 원에 달했다.

또 2018년은 홍콩 내 한국 영화의 전성기였다 해도 과언이 아니다. 한국에서도 천만 관객을 동원한 〈신과 함께-인과 연〉은 홍콩 개봉 21일 만에 4,600만 홍콩 달러의 수익을 기록했다. 이는 홍콩의 역대 한국 영화 흥행 2위 기록을 세운 〈신과 함께-죄와 벌〉보다 빠른 시간 내 흥행 기록을 달성한 것으로, 한국 영화가 한류의 중요한 아이템으로 성장하고 있음을 보여준다. 2019년에는 〈기생충〉이 홍콩에서도 역시 흥행 돌풍을 일으켰는데, 역대 칸 국제영화제 황금종려상 수상작 중 흥행 1위를 달성했다.

일본

일본의 한류는 한국의 중년 여성 팬덤 문화에도 지대한 영향을 미쳤을 만큼 한류 팬덤에서 중요한 위치를 차지한다. 그러나 한일 관계는 늘 살얼음판을 걷는 격이기 때문에 리스크도 많고 시기를 예측하기도 어려운 실정이다. 이 때문에 외교 문제가 발생할 때마다 일본에서는 한류 드라마 방송이 중단되고는 했다. 그러나 2019년 8월부터는 〈대군-사랑을 그리다〉, 〈해치〉, 〈군주-가면의 주인〉 등 시대극을 중심으로 다시 방송을 타고 있다.

최근에는 이처럼 시대극이 방송되고 있지만 일본인이 가장 사랑했던 드라마는 앞서도 언급한 바 있지만 단연 〈겨울연가〉다. 중년 여성들이 주요한 팬이었는데, 이들의 팬덤 문화는 당시 한국을 당황시킬 정도였다. 배용준이 좋아서 드라마 DVD, 브로마이드를 수도 없이 사 모으는 데다 드라마 촬영지인 남이섬을 수차례 방문하는 것은 예사고 '욘사마'를 떠올리며 벅찬 마음에 눈물까지 흘리는 모습은 생경했다. 특히 당시까지만 해도 팬덤은 1020세대의 문화로 여겨졌기 때문에 이러한 모습을 보이는 일본의 중년 여성들이 한국 사회에서는 이해가 되지 않았던 것도 사실이다. 일본에서 한국 드라마를 좋아하고 한류 스타에 그토록 열광한다고 하니 '비즈니스'로 인식을 할지언정 이해하려고 들지는 않았던 게 당시 상황이었다. 그런데 20년 전에는 이해할 수 없었던 중년 여성들의 팬덤이 2020년 한국에서 '트로트 열풍'으로 나타났다.

K팝은 일본에서도 당연히 인기다. CJ ENM의 한류 행사인 '케이콘 2019 JAPAN'에서 역대 최다 관객인 8만8,000명을

기록했다. 특히 10대 비중이 큰 폭으로 증가하면서 한류 팬은 중년이라는 공식도 깨지고 있음을 보여줬다. 2000년대 드라마와 배우를 중심으로 중년 여성들 사이에서 한류 팬덤이 형성됐다면 최근에는 BTS, 트와이스 등 아이돌 K팝 가수 중심의 1020 팬덤이 확대되고 있다.

일본에서 한류 팬덤이 폭발적으로 형성된 것은 2003년 〈겨울연가〉 때지만 1980년부터 한국 영화, 가요 등이 일본에서 꾸준하게 소개되기는 했다. 그러나 커다란 반향은 일으키지 못했고 〈겨울연가〉 방영 이후 중년 여성들 사이에서 '욘사마 붐'이라는 사회 현상이 일고 잇달아 〈대장금〉, 〈주몽〉 등이 소개되는 가운데 한류 팬덤이 확장성을 띠게 됐다.

일본에서 K드라마의 팬덤 연령은 50대 이상이 많지만 젊은 층의 인기 장르는 단연 K팝이다. 2001년 보아, 2004년 동방신기, 2006년 빅뱅 등의 팬덤이 형성되면서 이제는 일본 내에서도 J팝보다는 K팝이라는 말이 나올 정도다. 일본 내 K팝의 인기가 높아지자 소녀시대, 카라 등 걸그룹이 일본에서 데뷔해 더욱 인기를 얻기도 했다.

한편 일본에서 한국 영화가 인기를 얻기 시작한 것은 〈쉬리〉가 흥행에 성공하면서부터다. '남북관계'라는 소재에 할리우드 영화 못지않은 액션 장르가 가미된 〈쉬리〉는 일본에서도 한국 영화가 성공할 수 있다는 것을 보여준 첫 사례. 중화권에서 인기를 얻은 〈엽기적인 그녀〉 역시 2003년 일본 열도를 강타했다. 더불어 이때 젊은 층을 중심으로 한국 영화 팬이 급격히 늘어났고, 이를 계기로 다양한 한국 영화가 일본 시장에 진출했다. 2005년에는 전지현의 인기에 힘입어 〈내 여자 친구를 소개합니다〉가 개봉됐는데, 2019년까지 일본에서 개봉된 한국 영화 중 역대 최다 관객을 동원하며 최고 흥행 수익을 기록했다. 이후 〈택시운전사〉, 〈신과 함께〉 시리즈도 흥행에 성공했다.

중국, 대만, 홍콩을 비롯해 동남아시아에서 한국 콘텐츠가 팬덤을 형성한 것은 문화의 세련됨에 있다. 새롭고 진화된 문화에 대한 동경은 당연한 현상이다. 그러나 일본에서의 한류 팬덤은 국내에서도 연구대상일 정도로 놀라움을 안겼다.

일본인들이 한국 콘텐츠에 열광하는 이유는 무엇일까. 특히 〈겨울연가〉의 인기는 예측도 그 크기도 상상을 하지 못할 정도였다. 〈겨울연가〉의 인기 비결로는 첫사랑 코드와 예상하지 못한 결말, 지고지순하고 부드러운 남성상 등이 꼽힌다. 그동안 일본 드라마에서 남성은 자신의 길을 가고, 여성은 그를 먼발치에서 바라보는 이야기가 주였지만 〈겨울연가〉는 달랐다. 남성과 여성이 함께 시간을 보내며 공감해주는 스토리가 신선한 충격을 준 것이다. 게다가 일본에서는 찾아보기 힘든 부드러운 남성 이미지의 배용준이 단번에 중년 여성들의 마음을 사로잡으며 톱스타가 됐다. 배용준에 이은 한류 스타로 꼽히는 장근석은 〈미남이시네요〉를 통해 인기를 확고히 하며 '근짱'이라는 애칭으로 불리기도 했다.

베트남

동남아시아의 한류 팬덤은 이미 유명하다. 특히 가장 강력한 팬덤을 자랑하는 지역은 베트남, 태국, 인도네시아, 말레이시아 등 동남아에서 경제 수준이 높은 나라들이다. 그중에서도 베트남은 동남아 국가 가운데 가장 먼저 한국 드라마가 소개되고 인기를 끌었던 나라다. 1997년에 한국 드라마가 처음 소개되었고, 1998년 방영된 〈의가형제〉가 폭발적인 인기를 끌며 베트남은 동남아에서의 한류 진원지로 간주됐다. 최근에는 박항서 축구 감독의 인기로 한류 팬덤이 스포츠로까지 확장되는 모양새다. 이 때문에 한국어과 학생이 2017년도 대비 2019년도에 25%나 증가한 것으로 파악됐다.

베트남에서의 한류 팬덤 시초는 앞서 언급했듯 〈의가형제〉다. 1990년 말 장동건이 호찌민시에 방문했을 당시 야외무대로 1만여 명이 몰려들어 그 역시 깜짝 놀랐을 정도라고 한다. 지금이야 한류 팬덤이 미국, 유럽에서도 지명도가 상당하지만 당시까지만 해도 그렇지 않았다. 김남주는 베트남 한류 스타 여배우 1호다. 드라마 〈모델〉이 인기를 얻으며 김남주는 베트남에서 톱스타가 됐다.

이렇게 시작한 한류 드라마의 팬덤은 베트남에서 지금도 여전히 건재하다. 베트남 방송사의 한국 드라마 방송 시간은 하루 평균 4시간 이상이며 시청률 역시 높다. 지방 방송의 경우는 한국 드라마가 외국 드라마와 프로그램 편성 시간의 20%를 차지하다가 2006년 초에는 41%까지로 치솟았을 정도다. 또 한국 드라마는 베트남에서 방영하는 드라마의 10%를 차지할 만큼 꾸준한 인기를 얻고 있다. 이 때문에 베트남에서 한국 드라마를 보지 못한 사람은 거의 없다고 할 수 있을 정도라고 한다.

베트남에서 처음으로 한국 드라마가 소개된 것은 1997년 베트남국영방송 3채널(VTV3)에서 방영된 〈첫사랑〉이었다. 당시 〈첫사랑〉이 방송되는 시간에는 거리가 텅 빌 정도였으며, 베트남 사람들이 가장 기억에 남는 드라마로 〈첫사랑〉을 꼽을 만큼 인기가 대단했다. 이후 1998~1999년에는 〈모델〉, 〈의가형제〉 그리고 2000년대 초에는 〈겨울연가〉, 〈가을동화〉, 〈천국의 계단〉 등이 잇달아 선풍적인 인기를 끌면서 한류 드라마 팬덤이 급속히 확산됐다. 뿐만 아니라 〈대장금〉, 〈허준〉, 〈주몽〉 등 사극의 인기는 한국 음식, 한국 역사, 한국 전통의복에 대한 관심이 확대되는 계기가 됐다. 이후 연간 10편 이상의 한국 드라마가 방영되면서 그 인기는 꾸준히 상승세를 보였다.

그 밖에 〈엄마가 뿔났다〉, 〈수상한 삼형제〉, 〈솔약국집 아들들〉, 〈소문난 칠공주〉 등 가족 드라마의 인기는 가족문화와 일상생활에 대한 관심으로 이어졌고, 2013년 말에는 〈상속자들〉과 〈별에서 온 그대〉가 온라인으로 전파되면서 각각 '김탄 신드롬', '도민준 신드롬'을 일으키기도 했다. 한국 드라마는 삼각관계, 불치병 등 소재가 반복적으로 설정돼 식상하다는 비판도 있었지만, 동아시아 유교권 문화를 공유하고 있어 미국이나 일본 드라마에 비해 공감 요소가 많기 때문에 한국 드라마의 친숙하고 세련된 영상미에 매료됐다는 분석이다.

베트남에서도 중국과 마찬가지로 외국 드라마 제한 정책이 존재했다. 베트남 드라마를 진흥하기 위해 국영 지상파 방송인 VTV의 황금시간대에는 베트남 드라마만 방영할 수 있었다. 그러자 중국과 비슷한 상황이 벌어진다. 한국 드라마를 보기 위해 중국에서 한중 합작 드라마, 한중 합작 영화를 제작했듯 한베 합작 드라마가 탄생한 것이다. 이에 2014년 12월부터 2015년 4월까지 최초 한베 합작 드라마 〈오늘도 청춘〉이 VTV3 채널의 황금시간대 방송됐다. CJ ENM 베트남법인과 베트남 방송국이 공동으로 추진한 이 드라마는 새로운 문화 콘텐츠 협력의 성공 사례로 평가받았고, 2016년 말에는 〈오늘도 청춘〉 시즌 2가 방송되었다.

베트남에서 K팝의 인기 역시 빼놓을 수 없다. 베트남 내 최대 가입자 수를 보유하고 있는 SNS "Zingme"에서는 K팝, V팝(베트남 가요), 서양팝, 이렇게 세 개의 카테고리별로 인기 MP3와 뮤직비디오를 감상할 수 있는데 이 중 종합 인기 1, 2위는 거의 항상 K팝이 차지한다. 베트남에서 특히 인기 있는 아이돌은 BTS를 비롯해 엑소, 블랙핑크, 슈퍼M, 동방신기, 슈퍼주니어, 빅뱅, 투애니원, 소녀시대 등이다. 그러나 이제는 특정 가수, 특정 그룹만 인기 있는 것이 아니라, 한국 음악계의 주류에 비주류까지 다양하고 폭넓은 팬덤이 형성됐다.

비, 슈퍼주니어, 2AM, 소녀시대, 투애니원, NCT127, 에이핑크, EXID, 라붐 등 많은 가수들이 하노이 또는 호치민시에서 공연을 하였다. 2012년에는 수교 20주년 기념으로 KBS 〈뮤직뱅크 인 베트남〉 콘서트와 MBC 〈쇼! 음악중심〉 공연이 개최되었고 2014년에는 호치민에서 소녀시대, 2PM, 씨스타, 미쓰에이 등이 출연하는 K팝 공연이 열렸으며 2017년에는 수교 25주년을 기념해 소녀시대, NCT127, EXID, 에일리 등이 출연하는 크고 작은 콘서트가 개최되었다. 그리고 2019년 호치민에서 개최된 한-베트남 문화관광대전에는 여자친구와 스누퍼 등의 아이돌이 출연했다.

K드라마, K팝에 이어 최근에는 예능 프로 역시 젊은이들 사이에서 인기다. 2012년 케이블 방송인 YANTV에서 처음 〈우리 결혼했어요〉와 〈패밀리가 떴다〉를 자막 처리하여 방송했을 때는 기대만큼 시청자들의 반응이 좋지는 않았으나, 2015년 GiaitriTV(오락방송)에서 〈1박 2일〉, 〈승승장구〉 등이 더빙 방송된 이후로 꾸준히 그 인기가 올라가고 있다. 또한 2009년부터 한국 방송 프로그램의 포맷 저작권을 구입해 프로그램을 제작, 방송하는 경우가 늘어나고 있는데 성형 수술을 테마로 한 VTV2의 〈Change Life〉, VTV3의 〈Little Soccer Player〉가 한국의 예능 포맷을 차용해 제작됐다. 〈Change Life〉는 〈렛미인〉을, 〈Little Soccer Player〉는 〈날아라 슛돌이〉의 포맷을 리메이크했다.

베트남에서 한국 영화에 대한 선호도 또한 매우 높아 〈수상한 그녀〉 등 합작 영화가 잇달아 제작되고 있다. 베트남에 처음 진출한 영화는 1999년 〈편지〉, 〈연풍연가〉가 있고 2001년 〈찜〉이 40억 VND(2억 원 상당) 매출 기록을 세웠다. 이후 〈엽기적인 그녀〉, 〈피아노 치는 대통령〉, 〈클래식〉, 〈왕의 남자〉, 〈괴물〉, 〈해운대〉 등이 대거 개봉했다. 2012년에는 〈건축학개론〉, 〈파파〉, 〈시라노 연애조작단〉, 〈음치 클리닉〉, 〈늑대소년〉 등이 좋은 반응을 얻었고 2013년에는 〈자칼이 온다〉, 〈7번방의 선물〉, 〈사이코메트리〉 등도 상영됐다.

이처럼 한국 영화가 인기를 끌자 CJ CGV, 롯데시네마가 베트남 극장 시장에 진출해 영화 사업을 이끌고 있다. 특히 베트남 영화 시장에서 막대한 영향력을 끼치고 있는 CJ CGV는 베트남 최대 멀티플렉스인 메가스타를 인수한 뒤 베트남 멀티플렉스 1위 사업자가 되었다. 롯데시네마도 베트남에서 성공적으로 영화관 사업을 하고 있는 한국 회사 DMC를 인수함으로써 CGV와 롯데시네마는 베트남 전국 영화관 2/3를 장악하게 되었다.

CJ CGV는 처음 베트남에 진출한 2011년 446만 명의 관객 수에서 2019년 8년 만에 연간 2,000만 관객 돌파라는 쾌거를 이뤘다. 〈부산행〉은 2016년 베트남에서 개봉 첫 주 할리우드 블록버스터 〈수어사이드 스쿼드〉를 제치고 전체 박스오피스 1위에 올랐을 뿐 아니라, 박스오피스 매출 186만 달러를 기록해 역대 한국 영화 극장 수익 1위에 등극하는 등 현지 언론과 네티즌들로부터 극찬을 받았다. 2019년에는 〈기생충〉 94만 명, 〈로망〉 51만 명, 〈엑시트〉 26만 명의 관객을 동원했으며 〈기생충〉은 〈부산행〉을 제치고 베트남에서 개봉한 역대 한국 영화 흥행 1위 자리를 차지했다.

한국 영화를 원작으로 한 현지 리메이크작도 베트남 관객들에게 꾸준히 인기를 얻고 있다. 2015년 〈수상한 그녀〉를 리메이크한 베트남 영화 〈내가 니 할매다〉가 흥행에 성공한 이후로 〈써니〉, 〈과속스캔들〉, 〈엽기적인 그녀〉 등이 인기를 끌었다. 2019년 개봉한 〈혼 파파 다 꼰가이〉는 한국의 〈아빠와 딸〉을 리메이크한 작품으로 92만 명의 관객을 동원하며 흥행에 성공했다. 한국 영화 제작 포맷을 베트남 로컬 영화에 도입하여 제작한 영화도 지속적으로 제작되고 있는데 〈대디 이슈〉와 〈버터플라이 하우스〉, 〈하이퐁〉 등이 대표적이다. 액션 영화 〈하이퐁〉은 240만 명의 관객을 동원해 매출액 기준 베트남 영화 역대 흥행 1위를 기록했다.

〈대장금〉은 베트남에서도 한식이 유행하게 된 계기가 되었고 이후 〈웃어라 동해야〉, 〈폭풍의 연인〉, 〈제빵왕 김탁구〉 등 음식을 소재로 다룬 드라마가 연이어 방영되면서 한식에 대한 시청자들의 호기심이 더욱 커졌다. 롯데리아, 파리바게트, 뚜레쥬르, 커피빈, 카페베네, 엔제리너스, 스쿨푸드 등 한국 브랜드의 커피전문점, 제과점 등도 인기를 끌고 있는데 이곳들은 이미 베트남 젊은이들의 '핫 플레이스'로 자리 잡았다.

정치인에게로 확장된 팬덤:
팬덤의 정치,
정치의 팬덤

'킹' 만드는 원동력이지만 심판에는 무력, 부동산 민심에 결국 무너진 '문 대통령 팬덤'. 이제는 '팬덤'을 가진 자만이 살아남는 세상이 됐다고 해도 과언이 아니다. 흔들리지 않는 충성심과 강력한 화력을 지닌 팬덤은 아이돌, 배우뿐만 아니라 정치인에게도 꼭 필요한 지원군이 됐다. 그러나 정치인 팬덤은 처음에는 '반짝 인기'에 지나지 않는다고 혹평을 받았다. 오래 유지되거나 정권을 만드는 주체가 될 것이라는 상상조차 하지 못하던 때가 있었다. 그러나 이제는 정치인들도 팬덤이 얼마나 강력하고 든든한 무기인지를 인지하고 있다. 물론 팬덤이 단순한 인기 관리, 포퓰리즘으로 악용될 수 있다는 지적도 있지만 어쨌거나 정치계에서도 팬덤은 '관리대상'일 만큼 중요한 집단이 됐다는 것은 부정하기 어렵다.

우리나라의 정치인 팬덤 역사는 '노사모(노무현을 사랑하는 사람들의 모임)'를 시작으로 '박사모(박근혜를 사랑하는 사람들의 모임)', 안철수 신드롬으로 이어졌다. 문재인 대통령 역시 막강한 팬덤을 보유한 정치인 중 하나다. '아이돌급의 팬덤'을 보유한 이들은 결국 대통령이 됐거나 유력 대선, 서울시장 후보와 단일화를 함으로써 '킹메이커'가 됐다. 최근에는 이재명 경기도지사, 윤석열 전 검찰총장 등 역시 팬덤이 형성되면서 강력한 대권 주자로 떠오르고 있다. 아직 윤석열은 대선 레이스를 공식화하지는 않았지만, '여권 심판론'이 힘을 얻으면서 그는 누구보다 강력한 야권 대선 후보로 점쳐지고 있다.

다만 대선을 공식화하고 본 레이스에서 승리하려면 강력한 팬덤, 즉 '콘크리트 지지층'이 존재해야 하고 이후 캐스팅 보트를 쥔 계층의 표를 얻어야만 승산이 있다. 이는 윤석열에만 해당하는 것은 아니고 선거에 출마하는 모든 후보에 적용되는 공식이다. 이를 확실히 보여준 선거가 바로 지난 4·7 재보선이다. 서울시장 선거에서 여당 후보는 497세대(40대 90년대 학번 70년대 출생)에게만 유일하게 지지를 받았다. 497세대만 이른바 '찐팬덤'을 보여줬지만 결국 승리로 이어지지는 않았다. 497세대는 전 세대 중 차지하는 비중이 적기 때문이다. 유일하게 여당을 지지해 '나 홀로 여당 지지한 497세대'는 콘크리트였지만 대세를 전환하는 데는 역부족이었다.

정리하자면 정치인 팬덤은 후보가 되고 당선되기까지 콘크리트 지지층과 '스윙 스테이(미국에서 정치적 성향이 뚜렷하지 않아 표심이 고정되지 않은 '경합주'를 의미함)'의 표심을 잡느냐가 관건이다. 이때까지 팬덤의 결집력은 강력하다. 그러나 정권을 평가하는 성격의 선거 때는 결집력이 약화되는 특징을 지닌다. 기대감이 실망으로 바뀌는 순간, 그것도 자신의 이익에 반하는 정책적 결과가 벌어질 경우 콘크리트 지지층을 제외하고는 모두 등을 돌려버린다. 4·7 재보선이 바로 정치인 팬덤의 속성을 가장 강력하게 보여준 결과다.

497세대를 제외하고 전 세대가 오세훈 국민의 당 후보를 지지했다. 이들 콘크리트 지지층은 다른 계층과 달리 정권을 심판할 이유가 다소 부족하다는 평가다. 문재인 정부의 소득 주도 성장, 근로시간 단축, 비정규직의 정규직화 등 다수 정책의 수혜 세대이라는 것. 결국 콘크리트 지지를 할 수밖에 없었던 것이다. 다만 이들의 경우도 아주 근소한 차이로 여권 지지가 많았다. 박영선 더불어민주당 후보 지지율은 49.3%, 오세훈 국민의 힘 후보자 지지율은 48.3%였다.

또 이번 선거에서 주목을 받은 세대는 2030세대다. 이 경우는 젠더 특징이 확실하게 드러났는데 특히 20대는 성별에 따른 지지율이 확연하게 차이를 보였다. 20대 남성의 73%가

오 후보를 지지했고, 20대 여성 40.9%가 박영선 후보, 15.1%
는 기타 후보를 지지했다. 그리고 30대 남성은 63.8%가 오 후
보를, 여성 50.6%가 오 후보를 각각 지지했다.

이처럼 성별 지지율이 현격하게 차이를 보인 것은 2030 남
성들의 경우, 문재인 정부가 여성들을 위한 정책을 펼침으로
인해 자신들의 입지가 줄어들었다고 판단했기 때문이라는 분
석이다. 정치인 팬덤은 결국 이렇듯 이해관계 앞에서 콘크리
트도 됐다 모래알도 되는 것이다.

그렇다면 정치인 팬덤은 언제부터 힘을 발휘하기 시작했
을까. 한국 정치 역사에 가장 획기적인 팬덤으로 기록된 것은
고故 노무현 전 대통령의 팬클럽인 '노사모'다. 지지율 2%의
꼴찌 대통령 경선 후보에서 '노사모'의 전폭적인 지지에 힘입
어 대통령이 됐기 때문이다. 그러나 정치인 팬클럽의 전신은
1980년대로 거슬러 올라간다. '민주산악회'와 '새시대새정치
연합청년회(연청)'로 각각 고故 김영삼, 고故 김대중 전 대통령
의 '외곽조직'이다.

김영삼은 '등산 정치'라는 신조어를 낳은 민주산악회를 지
난 1981년 만들었다. 또 연청은 1980년 김대중의 장남인 고故
김홍일 전 의원 주도로 만들어졌다. 그러나 이후 전두환 정권
에 의해 해산된 뒤 '주선회酒仙會', '홍익상조회'를 거쳐 1987년
다시 만들어졌다. 이 조직은 주요 선거 때마다 동원된 것으로

알려졌다. 이를 정치인 팬덤의 시초로 보기는 하지만 현재 의미로서의 팬덤과는 다소 거리가 있다. 1998년 결성된 '창사랑(이회창을 사랑하는 사람들의 모임)'을 비롯해 2000년 만들어진 '노사모'가 정치인 팬덤의 모습을 갖춘 단체라고 볼 수 있다. 정치인들의 모임이 아니라 대중적인 지지를 바탕으로 만들어진 게 바로 '창사랑'과 '노사모'였던 것이다.

앞서도 언급했지만 특히 '노사모'는 지지율 2%의 꼴찌 후보 노무현이 대통령에 당선되는 데 가장 중요한 역할을 했다. 2002년 새천년민주당 대통령 경선 후보였던 노무현은 당선 가능성이 전혀 없는, '참가에 의의'를 두는 수준인 지지율 2%에 불과했다. 그러나 사상 처음 국민참여경선으로 대선 후보를 결정하게 되면서 노사모는 막강한 영향력을 발휘하게 됐다. 노사모 '희망돼지 저금통'을 나누어 후원금을 모금하기 시작하며, 노란 목도리를 하고 노란 풍선으로 유세장을 뒤덮는 가운데 결국 약체 중의 약체였던 노무현을 대통령 후보로 만들었다. 아이돌 팬덤의 '전유물'로 여겨졌던 풍선이 정치인 팬덤에서도 사용된 것이다.

이후 2004년에는 '박사모'도 만들어졌다. 박사모 역시 노사모와 마찬가지로 충성도가 높은데, 특히 2012년 대통령 선거 당시 박근혜 대선 후보의 당선을 위해 앞장섰다. 박사모는 대구 경북 등 TK 출신이 대부분인 점이 노사모의 구성원과는 차이가 있다.

이어 신드롬을 일으키며 대권 후보로 급부상했던 '안철수 현상' 역시 독특한 팬덤으로 평가받는다. 그는 2012년 9월 정계에 입문하면서 유력한 대권 후보, 유력한 서울시장 후보로 지지를 받았지만 결국 단일화로 최종 후보에 오르지 못했다. 2021년 4월 7일 서울시장 재보선에서도 마찬가지였다. 국민의당 서울시장 후보로 나왔지만 결국 국민의힘 오세훈 후보와의 단일화 경선에서 패배했다.

2012년 정계에 입문하자마자 유력한 대권 후보로 떠오를 만큼 안철수 신드롬은 거셌다. 정치인이 아닌 의사, 성공한 벤처 사업가, 교수 등의 화려한 타이틀은 보수, 중도, 진보 모두에게 지지를 받았다. 폭넓은 지지를 받았음에도 그는 늘 단일화로 대선도, 서울시장도 포기한 독특한 사례다. 여기에서 바로 팬덤의 속성을 읽을 수 있다.

팬덤은 확고한 지지를 바탕으로 한다. 흔들리지 않는 믿음이 바탕이 돼야 '찐팬덤'이 형성된다는 얘기다. 특히 연예인이 아닌 정치인에 대한 팬덤에 있어서 '찐팬덤'이 정치 생명, 수명을 결정한다고 볼 수 있다. 이런 점에서 안철수 팬덤은 결속력, 결집력이 약해 보인다. 그를 지지했던 계층과 그들의 성향이 불일치하기 때문이다. 팬덤이 결집하기에는 너무 다양하다는 것이다.

강력한 정치인 팬덤으로 말하자면 문재인 대통령도 빼놓을 수 없다. 확고부동한 문 대통령 지지층을 가리키는 신조어도 많다. 열렬한 문 대통령 지지자를 의미하는 '문빠', '대깨문' 등이 그것이다. 하지만 현재 부동산 가격 급등, LH 사건 등으로 인해 취임 이후 역대 최저의 지지율을 기록하고 있다. 한국갤럽이 2021년 3월 30일부터 4월 1일까지 전국 만 18세 이상 1,000명을 대상으로 문 대통령의 직무 평가를 설문한 결과 잘한다는 응답이 32%로 취임 이후 역대 최저였다. 그러나 정치 성향별로 조사한 결과에서는 진보층의 55%가 여전히 긍정적인 평가를 내렸다. 물론 그 지난주와 비교해서 진보층에서의 긍정 평가는 11%포인트가 낮아졌고 부정 평가(30%→39%)는 9%포인트 높아졌지만 여전히 문 대통령의 '팬덤'의 핵심이라 할 수 있는 진보층의 50% 이상이 긍정적 평가를 하고 있다고 보인다. 핵심 지지층의 확고한 지지라고 볼 수 있는데 이것이 바로 가장 강력한 팬덤 현상이라고 할 수 있다.

문재인 대통령 팬덤에서 또 한 가지를 읽어낼 수 있다. 바로 연예인이 아닌 '정치인 팬덤'은 '먹고사는 문제' 앞에서 결국 무너진다는 것이다. 문 대통령은 부동산 가격을 꼭 잡겠다고 장담했지만 결국 의도와는 다르게 부동산 가격이 급등했다. 그리고 부동산 급등으로 인해 가장 피해를 본 계층은 지지층 중 하나인 2030이었다. 따라갈 엄두조차 내지 못할 정도로 치솟은 아파트값에 좌절했던 2030은 결국 지지를 철회할 수밖에 없었다.

내년 대선을 앞두고 과연 누가 대통령이 될 것인가에 대한 관심이 높다. 결국 확고한 팬덤을 확보한 정치인이 대권을 잡을 수 있다. 그렇다면 대권 후보로 거론되는 '잠룡'들 중에서는 과연 누구의 팬덤이 확고할까. 확고부동한 팬덤으로 대선 승리까지 이끌어갈 후보가 누구일지 각 정당은 치밀한 계산을 하고 있을 것이다.

우선 최근 거론되는 정치인은 여권에서는 이재명, 이낙연, 정세균, 임종석, 이인영 등이며, 야권에서는 윤석열, 안철수, 유승민, 원희룡, 홍준표 등이다. 이낙연은 박근혜 사면론을 들고나오기 전까지만 해도 가장 강력한 대선 후보였으나 싸늘한 여론으로 인해 최근 대세론이 꺾인 상태이며 그런 사이 이재명, 정세균, 임종석, 이인영 등이 거론되고 있다. 특히 이재명은 그동안 강력한 리더십과 행정력을 발휘하고 기본소득, 보편적 재난지원금 등 이슈를 선점하며 대중에게도 각인된 상태다. 정세균은 대통령 빼고 다 해본 관록의 정치인으로 대중적 인지도도 상당하다. 임종석, 이인영 역시 대중적인 인지도는 높은 정치인으로 꼽는다.

한편 정권 심판론으로 인해 야권에서는 국민의 힘 의원들이 아닌 윤석열 전 검찰총장이 강력한 대권 후보로 떠오르고 있다. 추미애 전 법무부 장관과 갈등을 빚던 당시 그에게 '힘내라'고 쓴 화환을 보낸 이들도 있다. 차기 대권 후보 선호도 설문에서도 윤석열의 지지율은 이재명 경기도지사보다 20% 포인트나 높게 나타났다. 2021년 4월 3일 보도에 따르면, 머니투데이와 미래한국연구소가 PNR리서치에 의뢰해 3월 30일 서울 거주 만 18세 이상 남녀 804명을 대상으로 한 설문조사에서 '차기 대통령감으로 누가 가장 적합하다고 생각하십니까'라는 질문에 40.4%가 윤 전 총장이라 답했고, 이 지사는 21.1%, 이낙연 전 더불어민주당 대표가 14.3%인 것으로 나타났다.

설문 결과로만 보면 윤석열이 가장 강력한 대권 후보라고 할 수 있다. 그러나 윤석열이 대선에 나올지, 나온다면 특정 정당에 입당해 후보로 나올 것인지 무소속으로 나올 것인지 '제3의 당'을 창당해서 나올 것인지 등의 변수가 있다.

그럼에도 불구하고 결국 대선의 역사가 예측하는 것은 '팬덤에 달려 있다'는 것이다.

지난 2020년 시작된 신종 코로나바이러스 감염증은 모든 것을 송두리째 바꿔놨다. 특정 직군에서만 시행됐던 재택근무가 일반화됐고, 비대면 소비, 비대면 강의 등 모든 것이 '비대면'이 됐다. 코로나 19로 인해 5인 이상 사적 모임이 금지되는가 하면, 대규모 콘서트, 스포츠 경기, 영화 및 공연 관람 등도 제한됐다. 그야말로 오프라인 모임 자체가 불가능했던 한 해였다.

국내에 코로나 19 확진자가 나온 2020년 1월 말 이후인 2월부터 전국에서 취소되거나 연기된 콘서트는 총 990건이었고 그로 인한 피해액은 약 1,619억 원으로 추산된다. 상황이 이렇다 보니 BTS를 비롯한 모든 아이돌과 그 외 가수들은 비대면 콘서트라는 새로운 개념을 제시했다. 특히 BTS는 2020년 10월 10~11일 온라인 콘서트인 '맵 오브 더 소울 원Map Of The Soul ON:E'을 개최했다. 세계 191개 지역 및 국가에서 99만 3,000명이 관람했고 이 비대면 콘서트로 빅히트 엔터테인먼트가 벌어들인 수익은 500억 원을 넘어선 것으로 알려졌다.

과연 비대면 콘서트가 성공할까라는 우려도 있었을 터이다. 그러나 가상현실(VR), 증강현실(AR) 등 첨단 기술이 동원된 화려한 볼거리는 아티스트를 가까이에서 보고 팬덤과 함께 열기를 느끼는 기분을 대체했다는 평가를 받았다. SM과 JYP도 네이버의 투자를 받아 온라인 공연 전문 브랜드 '비욘드 라이브'를 설립했고, YG는 유튜브 뮤직과 손잡은 '팜 스테이지' 브랜드를 론칭했다.

비대면 콘서트로 화제가 된 인물은 BTS 말고 또 있다. 바로 나훈아다. KBS에서 추석 특집으로 편성한 〈2020 한가위 대기획 대한민국 어게인 나훈아〉가 코로나 19로 인해 비대면으로 진행됐다. 1947년생인 그는 태어나서 처음으로 이런 공연을 해본다며 고개를 절레절레 흔들기도 했다. 하지만 아이돌도 해보지 않은 도전인 비대면 콘서트로 그는 다시 한번 존재감을 드러냈다. 29.0%에 달하는 시청률을 기록했고, 그가 콘서트에서 쏟아낸 말들은 어록으로 등장했으며, 잘 알려지지 않았던 「테스형!」이라는 곡이 처음으로 주목을 받았다. 더구나 이 곡명은 인기의 척도라고 할 수 있는 유행어로 자리 잡아 "테스형, 집값이 왜 이래?" 등으로 패러디되며 온라인에서 회자가 되기도 했다.

이제 영원히 코로나 이전의 생활로는 돌아갈 수 없다는 것을 대부분이 받아들이고 있다. 그렇다면 포스트 코로나 시대에 팬덤은 과연 어떤 모습일까. BTS와 나훈아의 비대면 콘서트에서 전망해볼 수 있지 않을까 싶다. 당연히 오프라인 콘서트의 매력을 부정하기는 어렵다. 거기서 느껴지는 열기와 열정을 온라인이 완전히 대체하기는 어려울 수 있다. 그러나 다른 한편으로 온라인 콘서트는 공간의 한계를 없애 보다 많은 팬을 만날 수 있다는 이점이 있다. 그리고 온라인 콘서트를 통해 실시간 팬들과 소통한다는 점 역시 오프라인 콘서트에서 불가능한 부분을 메워준다고 할 수 있다.

팬덤의 결집력은 오프라인 모임이 수반돼야 강력해진다는 의견도 물론 있지만 팬덤이라는 속성을 비대면 콘서트 등이 무력화할 수는 없다는 생각이다. 또 포스트 코로나 시대의 팬덤을 예측해보면 과거보다 팬들의 참여가 더욱 늘어날 것이라는 전망이다. 팬덤 자체의 변화보다는 팬덤 산업과 문화에 변화가 일어날 것이다. 비대면 활동이 증가할 경우 이 문화에 얼마나 잘 적응하고 이를 얼마나 적극 활용할 수 있는지가 성공의 관건이라는 얘기다.

보다 급진적으로 예측해본다면 '팬덤' 자체가 플랫폼이 될 수도 있지 않을까. 아이돌을 비롯해 스타들을 만날 수 있는 공간이 플랫폼이 되고 이곳에서 모든 거래가 이뤄질 수도 있다. 포스트 코로나 시대에도 팬덤은 결코 사라지지 않는다, 다만 변주될 뿐이다.

BTS는 어떻게
21세기의 비틀스가 되었나
– 장르를 만드는 팬덤의 모든 것

초판 1쇄 발행 2021년 5월 31일

지은이 연승
펴낸이 김요안
편집 강희진
디자인 이명옥

펴낸곳 북레시피
주소 서울시 마포구 신수로 59-1
전화 02-716-1228
팩스 02-6442-9684
이메일 bookrecipe2015@naver.com ㅣ esop98@hanmail.net
홈페이지 www.bookrecipe.co.kr ㅣ https://bookrecipe.modoo.at/
등록 2015년 4월 24일(제2015-000141호)
창립 2015년 9월 9일

ISBN 979-11-90489-36-2 03300

종이 화인페이퍼 ㅣ **인쇄** 삼신문화사 ㅣ **후가공** 금성LSM ㅣ **제본** 대흥제책

* 이 책은 한국여기자협회의 후원을 받아 저술, 출판되었습니다.